不器用っ子が増えている

手と指は[第2の脳]

谷田貝公昭 編著
Yatagai Masaaki

一藝社

はじめに

　本書は、私が昭和 50 年（1975）当時勤務していた京浜女子大学（現・鎌倉女子大学）の保育学研究室の卒業生を中心に発足した《子どもの生活科学研究会》が、平成 27 年（2015）に、東京都知事より NPO（特定非営利活動）法人の認証を受けたのを記念して、出版するものです。

＊

　最初に子どもの手の「巧緻性（器用さ）」に焦点を当て、学会で発表したのが昭和 52 年ですから、この問題に取り組んでから、かれこれ 40 年近くになります。

　研究会の会員は主に、幼稚園・保育所の保育者、小学校・中学校・高等学校・専門学校の教員、研究所長、主婦、大学院生、そして短大・大学の教員などから構成されています。会の運営は、主として会員の会費や出版物の印税などでまかなってきました。

　研究の方法として、アンケート調査や文献研究なども行ってきましたが、手さばきや生活技術に関しては、子どもたちに直接、私たち会員の目の前で実技・実演をしてもらい、それを観察し、そのできぐあいを判定するという方法が中心でした。

手さばきや生活技術の調査に関しては、協力してくれるところがあれば、北は北海道から南は沖縄県竹富町まで、日本国中どこへでも出かけて行きました。国外では韓国のソウル市にも行きました。

　調査結果は、報告書を作成し、学会で発表してきました。その後、できる限り出版物にして世に出すことを心がけてきました。それだけでなく、テレビ、ラジオ、新聞、雑誌など、さまざまな方面や方法で警鐘を鳴らし続けてきています。

　しかしながら、子どもたちの器用さについて、"復活"の兆はまったく見えません。それどころか、ますます悪くなってきています。

*

　本書では、これまで私たちが調査・研究をしてきた手さばきの中から、特に象徴的な 20 いくつかの動作を選んで、実態を紹介しつつ、"子どもの器用さ復活"の方途について述べています。

　この本が、子どもたちの器用さ向上に多少なりとも役に立てば、執筆者と《子どもの生活科学研究会》のメンバーの喜びとするところです。

　本書を出版するにあたり、企画段階からお世話になった一藝社の菊池公男社長と編集部の松澤隆さんに感謝申し上げます。

　　平成 28 年 1 月 4 日

　　　　　特定非営利活動法人・子どもの生活科学研究会 代表
　　　　　　　　目白大学名誉教授　谷田貝公昭

目　次

第1部
なぜ《手先の器用さ》か……9

第2部
《手先の器用さ》の実態……15

- 01　箸をきちんと持って使えない……16
- 02　鉛筆を正しく持って使えない……20
- 03　鉛筆が削れない……24
- 04　ノコギリが使えない……28
- 05　くぎを打てない……32
- 06　雑巾がしぼれない……36
- 07　生卵を割れない……40
- 08　かた結びができない……44
- 09　花結び（蝶結び・リボン結び）ができない……48
- 10　ボタンをとめられない……52

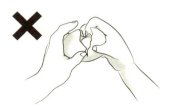

11　ハサミが使えない……56
12　針に糸が通せない……60
13　顔を洗えない……64
14　食器を並べられない……68
15　ライター、マッチが使えない……72
16　包丁を使えない……76
17　缶切りを使えない……80
18　掃除（掃く・拭く）ができない……84
19　安全ピンが使えない……88
20　折り紙が折れない……92
21　そのほかの不器用さ……96
　　　（傘の開閉ができない／定規を使えない／ネジを締められない
　　　／ページをめくれない／プルトップ缶を開けられない

第3部
《不器用さ》周辺の諸問題……103

22　手と脳……104
23　モデルになれない親・大人……107
24　基本的生活習慣……110
25　遊び……113
26　直接体験……115
27　仕事・手伝い・家事……118
28　安全教育……121
29　生活科……124
30　不便の効用……127
31　感覚……130

〔資料〕小学校教科書に掲載されている道具類……132

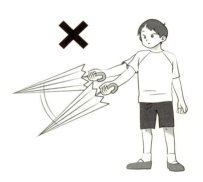

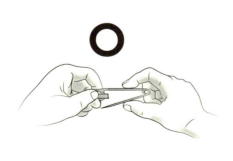

装丁＋本文基本デザイン＋イラスト　**アトリエ・プラン**

第1部
なぜ《手先の器用さ》か

なぜ《手先の器用さ》か　第1部

いま、子どもたちの"手"は、危機にあります。大人も同じ。"簡単・便利・迅速"ということを追い求めて開発された機械や道具のために、本来人間が持つ手の働きが止まりつつあります。それは、手を開発させた、脳の発達の退化にもつながります。

 ## 「手の器用さ」の大切さ

　よく「手と指は第2の脳」とか、「手は脳の出店」などといわれます。また、出典は定かではありませんが、ドイツの哲学者カントは、「手は外部の脳である」といったともされています。さらに、心理学では、「器用な手や指を持っている子は知能も高い」ともいわれています。これらは、手と脳とが密接な関係にあることを表現したものです。

　しかし、こうしたことは、経験的に分かっていたことであって、必ずしも科学的に証明されたことではありませんでした。

　ところが、近年は脳生理学の発達によって、手と脳とが大変密接な関係にあることが、分かってきました。

　脳生理学者によりますと、手を使うことは、手そのものの器用さを増すことはもちろんですが、実は、脳そのものの発達をも促すというのです。日頃なんとも思わずやっている手さばきは、手が勝手に動いているわけではないのです。

手を動かす時は、大脳の運動野（うんどうや）というところから、「動かせ」という指令が出て、手の筋肉に伝えられて、動くのです。したがって、「手を使うこと」は「脳を使っていること」になるわけです。

　ところが、現代の子どもたちは、本書の第2部で詳しく紹介しているように、「手を使うこと」がますます苦手です。箸をまともに持って使えない、生卵が割れない、缶切りで缶詰を開けられない、等々といった状態です。

手抜きしつけは"手抜き文化"をつくる

　機械文明の発達は、私たちに"簡単・便利・迅速（じんそく）"といった素晴らしい贈り物を、洪水のごとく送り込んできました。また、人間はそれを追い求めてきたわけです。

　しかし、それを全面的に受け入れ、その中にどっぷりつかることによって、手先の不器用な子どもを大量につくり出す結果となったことは、なんとも皮肉な話です。

　いいかえれば、手を使う教育、あるいは手を使うしつけを、ないがしろにしてきた結果でもあります。"機械まかせ"、"他人まかせ"の手抜き教育の結果です。人間は、手を十分に働かすことによって、今日の文化・文明を築き上げてきました。手抜き教育・手抜きしつけは、"手抜き文化"をつくることになり、ひいては人間的なものの本質を失うことだといえます。

　"簡単・便利・迅速"ということを追求し続けて開発された機械や道具のために、本来人間が持っている手の働きを止めてしまっては、それを開発させた脳の発達をも退化させかねません。

　便利な機械や道具をつくるのは人間の手だし、それを考えつく脳のためにも、大いに手を使いたいものです。

手は立派な「感覚器」

　手さばきの多くは、先人の生活の智恵です。ほとんどのそれは動きがなめらかで、合理的で、機能的です。しかも、スムーズで美しく見えます。

　例えば、箸を例に考えてみましょう。独自性に富んだ持ち方で使っていればいるほど、箸の持っている機能の一部は発揮できても、全ての機能を発揮することは難しいのです。それに対して伝統的な持ち方で使うと、箸の持っている機能の全てを発揮することができます。

　美しく食べることは、食事の基本です。人間は１人で生きているわけではなく、社会の一員として生活していることを忘れてはなりません。

　現代の生活は、あまり手を使わなくてもすんでしまいます。しかし、子どもの発達のことを考えると、良いことばかりとはいっていられません。現代の子どもは、「手を使わない」あるいは「手を使わせない」から、不器用になったのです。要するに「運動器」としての手が、磨かれていないのです。

　また、手というと、この運動器としての手のみを連想する人が多いと思いますが、手は立派な「感覚器」でもあることを、忘れてはなりません。

　手で触って、温かい、冷たい、つるつるしている、ざらざらしている、かたい、やわらかい、等々といったことが分かります。立派な感覚器でもあるのです。

　先にも述べたように、「手を使わない」から「不器用になった」のです。ということは、運動器としてだけでなく、感覚器としての手も磨かれていないであろうことが、容易に推察されるのです。

第 1 部　なぜ《手先の器用さ》か　13

　かつて、紙に２点を少し離して書いておき、その２点を定規を使っ
て結ぶテストをしたことがあります。

　これが、現代の子どもたちはうまく結べないのです。定規をおさ
えている指の感覚がよくないので、動いてしまうのです。

　小学校の先生からは、授業中に「教科書の○○ページを開きなさ
い」というと、けっこう時間がかかる子どもが少なくないという話
を、聞きます。指先の感覚がよくないので、うまくページをめくれ
ないというのです。

　また、チューブに入ったのりを使わせると、必要以上に出してし
まうとか、セロハンテープを使わせても、必要以上に引き出してし
まう子が多いとかいう話も聞きます。指の感覚の悪さと、経験不足
による“見通す力”が、よくないのです。

応用力がないと生活技術が身につかない

　現代の子どもにとって、道具や用具を使うということは、あるひ
とつの目的をこなすという意味しかありません。ですから、それを
するために開発された道具や用具がないと、どうにもならないので
す。ひとことでいうならば、応用力がないのです。

　ある小学校中学年の遠足の話です。ある所へ行き、昼食時になっ
たら、１人の男児の弁当に箸が入っていなかったそうです。

　その男子はどうしたでしょうか。電話をかけて母親に話し、母親
から指示を受け、わざわざ売店を探して、そこで箸を買ったという
のです。昔の子どもであれば、そのへんの木の枝を折り、箸として
使ったと思うのです。何かを応用することができないのです。

　同様に、ちょっとした擦り傷でもガーゼ付き絆創膏がないと、ど
うにもならないといいます。これも応用力がない例です。

さらに、手先が器用であることは、生活技術能力も高いというこ
とです。例えば、泳げない子（生活技術能力の低い子）と、泳げる
子（生活技術能力の高い子）が、いたとします。海へ行った時、泳
げない子の遊びは波打ち際までですが、泳げる子の遊びは海の中に
まで発展します。

　この「波打ち際」と「海の中」は、成長の過程で、あらゆる場面
に広がってゆきます。

　日常生活で手を使い、「運動器」として、また、「感覚器」として
の能力を磨いておくこと。それが、豊かな生活技術を身につけるこ
とでもあるし、毎日の生活に奥行きと自信をもたらすことにもなる
のです。

第2部

《手先の器用さ》の実態

16　《手先の器用さ》の実態　第2部

01 箸をきちんと持って使えない

「自分は正しい」と間違った使い方をしている大人、「箸の使い方なんてどうでもよい」と考えている大人。どちらからも、知らず知らず、子どもはしっかり学んでしまっています。開き直らず、親子で、いっしょに正しい持ち方に挑戦してみましょう。

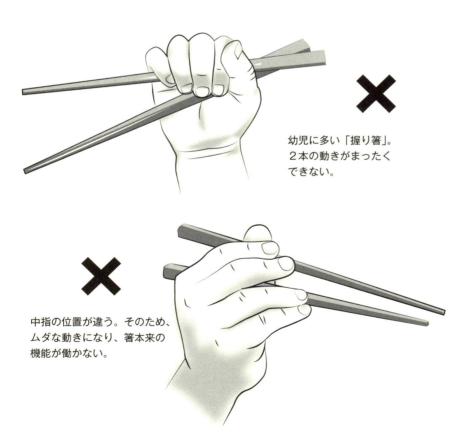

幼児に多い「握り箸」。2本の動きがまったくできない。

中指の位置が違う。そのため、ムダな動きになり、箸本来の機能が働かない。

正しい使い方を知っている？

　多くの子どもが箸を使い始めるのは3〜4歳頃からです。最初は「握り箸」ですが、徐々に大人の持ち方に近づいていき、5歳頃には、こぼさずに食べられるようになります。

　しかし、箸の使い方を教えなければ、いくつになっても、きちんと使えるようにはなりません。小学校に入っても握り箸の子どもは珍しくはありません。たとえ大人になっても、直さなければ正しい持ち方にはならないのです。

　でも、正しい持ち方や使い方を知らなければ、直すこともできないでしょう。実は箸の持ち方は、一見正しく見えるのに、実際に使うと中指の動きが間違っている、という大人は、かなり多くいます。

　「自分は正しい」と思っていたあるタレントが、テレビ番組で間違いを指摘され、大恥をかいていましたが、正しい持ち方を知らなければ、誰でも同じように恥をかく可能性はあるでしょう。まずは正しい持ち方、正しい動かし方を知りましょう。

 ## 親子でそっくり？

　お母さん自身「箸の使い方はあまり教えなかった」と言っているのに、箸をきちんと"使えている"という子どもが、時折います。

　そのような子どもの場合、ふとお母さんの箸使いを見ると、ちゃんと正しい使い方をしています。つまり、お母さんの箸使いが正しければ、子どもも、さほど苦労せずに箸使いを身につけることができるということです。もちろん母親だけということでなく、父親や、祖母・祖父であっても同じです。正しい箸の使い方をしている大人が身近にいると、自然にその箸使いを学んでいるのです。

知らず知らず「間違い」を教えている大人

　逆に、大人が間違った持ち方をしていると、これも子どもは、しっかり学んでしまいます。実は、親子の箸の持ち方は、かなり似ている場合が多いのです。それでも、大人の方が自分の箸使いの間違いを知っている場合は、まだいいのです。

　ところが、間違っていることに気づいていなかったり、「箸使いなんてどうでもよい」と考えていたりする大人の場合は、子どもの前で堂々と間違った箸使いを披露（ひろう）して、それを、子どもの目に焼きつけてしまうのです。おかげで子どもは、知らず知らずに間違った箸使いを身につけることになってしまいます。

　変な箸使いをする大人は、子どもの前で箸を使ってはいけないのかもしれません。

 ## 親子で直そう

　最近は市販の「しつけ箸」を使って箸使いの練習をする家庭が増えてきているようです。しかし、特別な道具を買わなくても、そういうものが無かった時代に、多くの人はきちんと箸が使えていたのです。ですから、しつけ箸がなくても箸は使えるようになります。

　箸の正しい使い方を子どもに身につけさせるには、「箸を使ってみたい」とお子さんが思った時に、親が手を添えて正しい持ち方に直してやる、ということを繰り返せばよいのです。スキンシップにもなりますし、親子でいっしょに正しい持ち方に挑戦してはどうでしょうか。

　市販の「しつけ箸」に任せてしまうということは、保護者が自ら、子育てをする機会を放棄することになってしまうのです。

第 2 部 《手先の器用さ》の実態

正しい お箸の持ち方

箸の持ち方の基本は、2本のうち、下の箸は固定したまま、上の箸だけを動かすということです。また、箸は「一個」ではなく、ふつう2本ひと組で「一膳」と数えることも教えるとよいでしょう。

ポイント

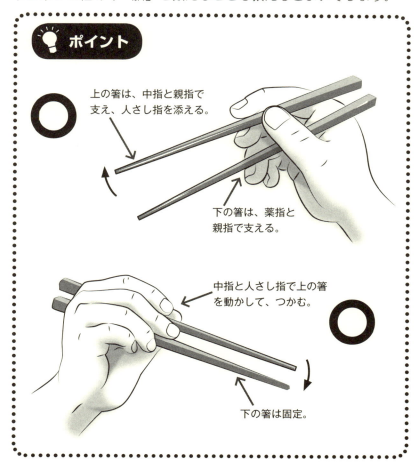

上の箸は、中指と親指で支え、人さし指を添える。

下の箸は、薬指と親指で支える。

中指と人さし指で上の箸を動かして、つかむ。

下の箸は固定。

《手先の器用さ》の実態　第２部

02 鉛筆を正しく持って使えない

字を書く機会は減っています。しかし大事な時は、やはり手書きです。きれいに字を書く基本は、鉛筆の持ち方から始まります。正しい持ち方をしないと、字をきれいに書けないだけでなく、指にも目にも負担をかけ、姿勢も悪くしてしまいます。

人さし指に力が入り過ぎ。人さし指と親指で、つまむような持ち方になっている。

ほかの指を折り過ぎ。これでは自由な動きができない。

鉛筆の持ち方・使い方のいま

子どもは３歳頃より「鉛筆を持ちたい、書きたい」という意欲が高まり、紙に書くことに親しみはじめます。

それ以前にも、家庭などで鉛筆を持って使う機会はありますが、幼稚園・保育所などの集団生活の中で多くの絵本に親しみ、文字を覚え、読めるようになると、さらに「書くこと」に興味・関心を持つようになるのです。

しかし、最初から正しい持ち方・使い方ができるわけではありません。私たちが行った調査では、正しい持ち方で鉛筆を使っているのは、小学６年生でも１割に達しませんでした。

こうした調査結果からみて、鉛筆を正しく持って使うことができる幼児はたいへん少なく、学齢期の児童全体でも（学校で毎日使用しているにもかかわらず）２割にも満たないことが分かりました。

筆圧が弱いため文字が薄くなってしまい、読みにくくなっている子どももいます。そのため、最近の小学校では、HB の鉛筆ではなく、B や2B を使用するよう指導しています。

正しく持てない・使えないとどうなるか

鉛筆を正しく持って使えないことによって、子どもに、すぐに何か悪い影響が出るというわけではありません。

しかし、自己流の持ち方・使い方をしていると、文字がきれいに書けなかったり、文字の大きさがそろわないだけではなく、長時間無理な持ち方を続けていることで、手指や腕に負担がかかってしまいます。使う時に人さし指に力を入れすぎると、指が反り、続けて持つことがつらくなります。

また、正しくない持ち方ですと、鉛筆の芯が紙に接しているところが見えず、のぞき込まないと書けない場合があります。このため、姿勢が悪くなり、目にとっても決してよいことではありません。

　もうずいぶん前から、ほとんどの仕事でパソコンを用いて文章を作成することは、当たり前になりました。特に、字がきれいに書けないと思う人にとっては、パソコンで入力した文字は見ばえが良く、作成した文章は字体がそろってきれいに見えます。

　文章を読む人にとっても見やすいという利点はありますが、その人の個性が反映された文字ではないため、事務的で温かみや親しみやすさにやや欠けるという難点があります。契約書などの公的文書や仕事上の書類でも、必ず自筆の署名が必要な場合があります。

　きれいで見やすい字を書くことに、こしたことはありません。

正しい持ち方・使い方には基本が大事

　子どもが鉛筆を持ち、使いはじめる頃に、保護者や周囲の大人が正しい持ち方・使い方を教えましょう。

　正しい持ち方は鉛筆の削り目から2cm前後の部分を親指と人さし指、中指で持ち、人さし指は押さえの役割になります。

　小学校に入学すると、先生がひと通りの持ち方・使い方を教えますが、家で自習しているうちに自己流になる場合があります。時々保護者が確認してやると、正しい持ち方・使い方が定着してきます。

　漢字の練習帳を使い、文字をなぞることで次第に書けるようになりますが、マス目から出ないようにし、書き順を守り、背筋を伸ばすなど、書く時の姿勢にも注意しましょう。

　鉛筆を正しく持ち、使うことにより、文字をきれいに、そして、手指や腕も疲れずに書くことができます。

第 2 部 《手先の器用さ》の実態　23

鉛筆の持ち方 （正しい）

鉛筆の持ち方は、箸の持ち方と似ています。上箸を引き上げた状態と、鉛筆の正しい位置とは、ほぼ同じです。子どもには、箸と鉛筆といっしょに教えて、持ち方のコツを身につけさせるとよいでしょう。

ポイント

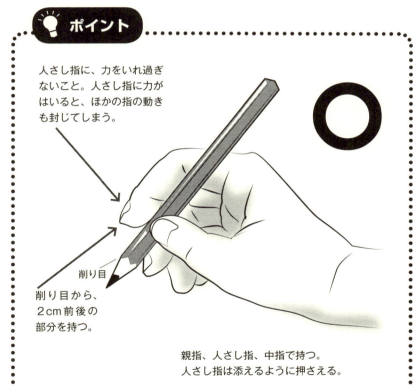

- 人さし指に、力をいれ過ぎないこと。人さし指に力がはいると、ほかの指の動きも封じてしまう。
- 削り目
- 削り目から、2cm前後の部分を持つ。
- 親指、人さし指、中指で持つ。人さし指は添えるように押さえる。

《手先の器用さ》の実態　第2部

03 鉛筆が削れない

現代の子どもはナイフで鉛筆を削る必要はありません。しかし、全く知らなくてもよいのでしょうか。危険なものを子どもに持たせてはいけないのは当然ですが、「なぜ危険なのか」ということをしっかりと教えることも大人の義務のはずです。

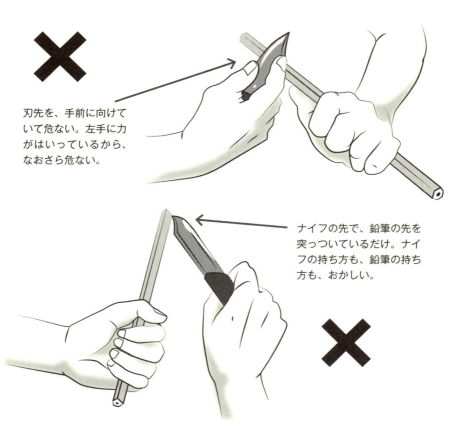

刃先を、手前に向けていて危ない。左手に力がはいっているから、なおさら危ない。

ナイフの先で、鉛筆の先を突っついているだけ。ナイフの持ち方も、鉛筆の持ち方も、おかしい。

どうして「ナイフ」はなくなってしまったのか

「鉛筆をナイフで削れない」子どものことが話題になって、久しくなります。小学6年生でも、100人の中でまともに削れる生徒は1人か2人でしょう。それは当然です。やったことがないのですから。

昭和30年代頃（1960年代なかば頃）までは、ほとんどの小学生の筆箱の中に「肥後守」※や「ボンナイフ」が入っていて、休み時間などに削っていました（→安全教育 121 ページ）。男子は日常的に所持し、遊びの中でもよく使ったもので、その年代の方々は、使い方も巧みです。

昭和35年（1960年）、当時の日本社会党の委員長・浅沼稲次郎が、東京の日比谷公会堂の立会演説会で、17歳の少年に刺殺されました（凶器は刃渡り33cmの短刀）。この事件を契機に、ナイフ全般が危険なものとみなされ、全国のPTA、主婦連合会（主婦連）などを中心に、子どもたちからナイフを追放する運動が展開されました。

小学2年で「小刀類」に「慣れること」を指導するが

そして、全国の各学校には、教育委員会から、鉛筆削り器が配布されました。これを、雑誌『暮しの手帖』の創設者として知られる花森安治は、当時「昭和の刀狩り」と呼んだそうです。しかし、それほど「追放」されても、一向にナイフが使用される事件はなくなりませんでした。平成時代に入ってからも、持ち物検査が徹底的に行われ、ナイフは締め出されていきました。

現在の小学校では、図画工作科の教材として、2年生からカッターナイフなどで工作をする内容のものがあります。学習指導要領に、「簡単な小刀類など身近で扱いやすいものを用いることとし、児童がこれらに十分に慣れることができるようにすること」とあります。

※本来は、兵庫県三木市内で鍛錬された小型折りたたみ式ナイフのこと。1960年頃まで日本各地でそのコピー商品が作られた。現在は、同市で今も製造を続ける永尾駒製作所の登録商標。

しかし今や、ナイフなど触ったことがない子どもたちがほとんどですから、自由には使わせられません。

勇気ある先生方が、「ナイフによる鉛筆削り」に取り組んだとしても、莫大な時間とエネルギーがかかりますし、もし、子どもがケガでもしたら、大変なことになります。こうして子どもたちの前から、ナイフが遠ざかっていきます。

ナイフで鉛筆を削れなくても問題ない？

現在の日本では、ナイフや「肥後守」で鉛筆が削れなくても大丈夫でしょう。しかし、次のような恐ろしいことが発生しています。

小学生に「肥後守」で鉛筆を削ることを調査していますと、刃の方に指を当てようとする子どもが、大変多いのです。6年生でも2～3割います。偶然、正しく持っていた子どももいますから、刃に指を当てる割合は、そうとうな数になります。

子どもたちには「刃物には刃がある」ということの認識が、全くないか、薄いのです。「どちらが刃なのか」を、確かめもしません。肥後守が「初めて目にしたナイフ・刃物」であっても、いったん刃物を手にしたからには、「刃」を確かめることが、いちばん肝心なことなのですが。

昔の子どもたちは、手に少なからず小さな傷を負っていました。しかし、大ケガはしないものでした。ナイフに触れないで育ってしまう現代の子どもたちが、自分にとって、そして他人にとっての、「ほんとうの"刃物"の痛さ」は分かるのでしょうか。

ちなみに、刃物を自由に使えるということが、手を創造的に使う基礎になります。

第 2 部　《手先の器用さ》の実態

正しい 鉛筆の削り方

ナイフは右手に、鉛筆は左手に持ちますが、削る時に重要なのは、左手の親指です。右手だけで削ろうとしないで、左手の親指をナイフの背の部分に当て、両手の力のバランスを保ちながら削ります。

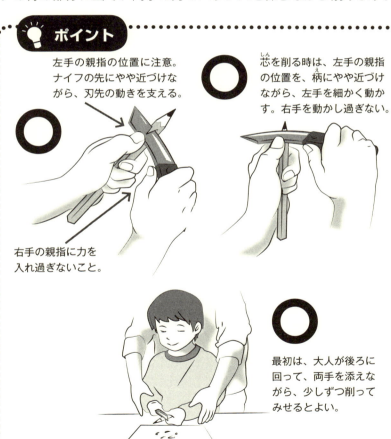

ポイント

○ 左手の親指の位置に注意。ナイフの先にやや近づけながら、刃先の動きを支える。

○ 芯(しん)を削る時は、左手の親指の位置を、柄(え)にやや近づけながら、左手を細かく動かす。右手を動かし過ぎない。

右手の親指に力を入れ過ぎないこと。

○ 最初は、大人が後ろに回って、両手を添えながら、少しずつ削ってみせるとよい。

《手先の器用さ》の実態　第2部

04 ノコギリが使えない

どんな工具も、使いこなすのには時間がかかります。ノコギリは特に、速く切ろうとして力まかせに動かしても、しなってうまく切れませんし、刃先を痛めたりします。まずは、薄く小さなものから切らせ、だんだん厚めのものを試させましょう。

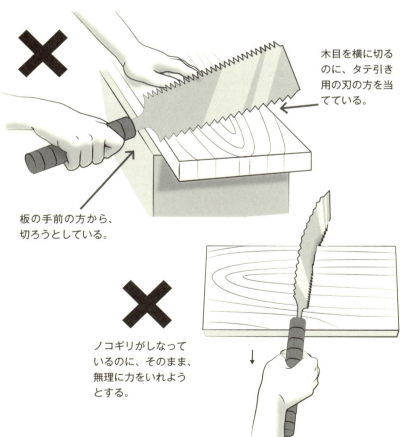

木目を横に切るのに、タテ引き用の刃の方を当てている。

板の手前の方から、切ろうとしている。

ノコギリがしなっているのに、そのまま、無理に力をいれようとする。

9割の子どもがノコギリの使い方を知らない！

　ノコギリ（鋸）は、大工仕事に欠かせない道具のひとつです。本職の大工さんならノコギリを使いこなすのは当然ですが、一般の人が日曜大工で使おうとすると、案外難しいものです。また、実際に何度も板を切る経験を積まなければ、じょうずに切ることはできません。

　私たちの調査では、いくつかある工具の中から「板を切る道具」としてノコギリを選べた子どもは、小学生全体で約7割でした。さらに「実際に木を切ることができるか」では、6年生でさえ5割に達しませんでした。これは、使い方が正しいかどうかは別として、制限時間内で板を切り落とすことができた子どもの割合です。

　木目に合わせて、タテ引きとヨコ引きの区別ができるかどうかになると、6年生でさえも、1割には達しません。調査の際、ノコギリと板が垂直でなく傾くため、斜めに切れてしまう例が多く見られたり、ノコギリがしなっているにもかかわらず、無理に力を入れて引いたりするため、ノコギリを折ってしまう子もいました。

学校で経験を積ませるのは難しい

　ノコギリを「いつ・どこで使用したことがあるか」を尋ねたところ、「小学校の図工の時間に使用した経験がある」と答えた子がほとんどで、ほかは幼稚園の工作の時間、また、父親といっしょに日曜大工をした経験を話す子がいましたが、それはごくわずかでした。

　このことからも、家庭でノコギリを使うという体験ができる子どもは、本当に限られていることが分かります。

　小学校では、3・4年生の図工の教科書で、ノコギリやカナヅチ（金槌）などの使い方について紹介しています。

例えば、4年生の図画工作科の教材では、板にくぎを打ち付け、そこにビー玉を転がして遊ぶ手作りおもちゃがあり、そこで、道具の使い方について指導します。

しかし、使用する材料は、あらかじめ一定の大きさにカットされた物をセットで購入してしまうことがほとんどで、実際にはノコギリを使う場面は多くありません。子どもに「ノコギリで板を切る」経験をたくさんさせてやれるような、授業時間の余裕はないからなのです。

ノコギリの使い方を教えられるのは家庭

このように、「なぜできないか」の理由には、何といっても経験が乏しいことが挙げられるでしょう。学校で使い方を学んだとしても、その場限りになってしまい、技術として定着しないのです。

私たちの生活をふり返ってみても、たまに日曜大工で使うくらいしか、ノコギリを使用する機会はありません。しかし、そのような機会にこそ、子どもに教えてやったり、手伝わせたりすることが大切です。

また、使い方についての正しい知識がなくては、じょうずに、きれいに切れるはずがありません。ノコギリの持ち方・構え方、タテ引き・ヨコ引きの区別、ノコギリと切る板や角材との角度など、引き方に関するポイントを、きちんと教えていく必要があります。

教える時には、いきなりつめこみ式に教えないで、その子にあったスモールステップで教えてやりましょう。最初は板を固定してやったり、あらかじめ切り込みをつけてやったりします。そして、慣れてきたら、子どもが一人でできるように見守って、励ましてやることが大切です。

第 2 部 《手先の器用さ》の実態

正しい ノコギリの使い方

工具店やネットショップでは片刃のものもよく見ますが、両刃のものを使えば、木目のタテ・ヨコに注意するきっかけになります。最初はゆっくり静かに引くことで、まっすぐ切れるようになります。

ポイント

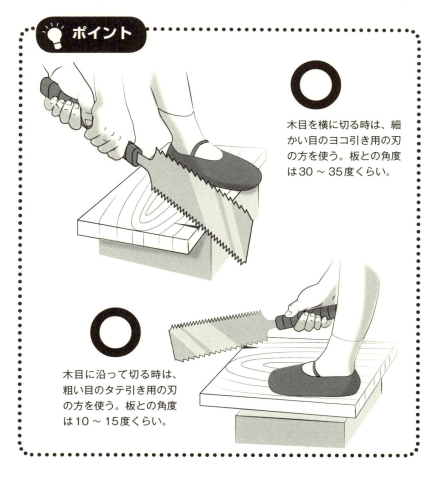

木目を横に切る時は、細かい目のヨコ引き用の刃の方を使う。板との角度は30〜35度くらい。

木目に沿って切る時は、粗い目のタテ引き用の刃の方を使う。板との角度は10〜15度くらい。

32　《手先の器用さ》の実態　　第２部

05 くぎを打てない

住環境の変化で、くぎを打つ機会は減りました。カナヅチのない家も増えています。しかし、左手でくぎを支え、右手で打ち込む作業の基本は、子どもでも身につけることができます。また親子でいっしょに何かを作るきっかけにもなるはずです。

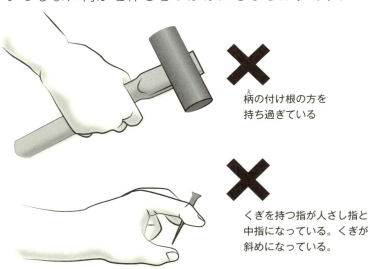

✕ 柄(え)の付け根の方を持ち過ぎている

✕ くぎを持つ指が人さし指と中指になっている。くぎが斜めになっている。

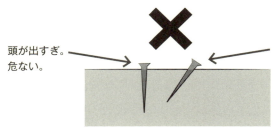

頭が出すぎ。危ない。　　斜めに打ち込まれたまま。危ない。

大人も打つ経験が少なくなっている

　最近は、カナヅチやノコギリといった大工道具がない家庭も増えています。その反面、《ＤＩＹ》("Do It Yourself" の略で、「自分でなんでもやろう」という考え方）が広まって、むしろ立派な大工道具を所有する家庭もあるかも知れません。それでも、「大工道具を使うのは、せいぜい中学生になってからで、小学生には使えない」と思っていませんか？　しかし、大まかな特徴や使い方を知っていれば、小さい子どもでも使うことができるはずです。

　そもそも、カナヅチでくぎを打ったことがないという大人も、少なくない時代です。たまに使うと指を間違って叩いて赤くはれ上がらせたり、くぎが曲がってしまったり、くぎを曲げたまま最後まで打ち込んだり……。また、くぎ打ちした板のまわりに丸いくぼみがたくさんできて、ボコボコになっている場面も見受けます。

　大人になるまでに、カナヅチの特徴についての知識がなかったことや、くぎ打ち体験をしてこなかった結果といえます。

 ## 特徴と使い方をよく知ろう

　カナヅチ（玄翁）の頭の部分をよく見ると、くぎが当たる部分が平らな部分と、丸みのある部分（ふつう「木殺し」といいます）とがあります。くぎを打つ際に使うのは、平らな方です。丸みのある部分は、最後の仕上げに板の表面を傷つけることなく打ち込むために使います。

　板にくぎを打ち込む時は、初めから強い力で打ってはいけません。カナヅチを持っていない手でくぎを支え、カナヅチは、柄のやや上の方を持って静かに数回打ち、板にくぎを刺します。

次に、カナヅチの柄の下の方を持ち、上からまっすぐ振り下ろします。当たり方が斜めだったり、くぎの支え方を曲げてしまうと、くぎは板に入り込んでしまいます。

板に対して安定してくぎが刺さったら、少し力を強めて打ち込んでいきます。最後数回になったら、頭部をカナヅチの丸みのある部分を使って、仕上げをします。

大人も作業から学ぶことは多い

大工道具を使うのは、子どもには危ないと思われがちですが、子どもは「何かを作る」ことが大好きです。本物の道具を使用し、使い方のコツを大人が見せ、教えることさえしてやったら、子どもたちの作業は「創作」となり、工夫に満ちたものとなるでしょう。

一般の大人自身、大工道具を使って作業するという場面が減っているかもしれません。それでも、お手伝いをさせることも含めて、子どもといっしょに行うことが望ましいでしょう。

子どもは、直接体験をすることで、手先の器用さや手・指の力の加減が、身につきます。それだけでなく、作業の手順、片づけの方法、ケガをしたときの対処方法や、ケガを防ぐための配慮など、体験を経なければ知りえない知識と知恵を、学ぶことにもつながるでしょう。作業を通して、子どもが生きていく上で役立つさまざまなことを、体験的に学ぶことができるといえます。

それから、大人は、どうしても出来ばえを気にしがちです。しかし、出来ばえは後回しでもよいのです。

子どもとともに「何を作るか」を話し合って決めたり、いっしょに作業を重ねながら、イメージを共有し、楽しむことで、有意義な時間を共有できるはずです。

第 2 部 《手先の器用さ》の実態

正しい くぎの打ち方

いきなり力いっぱい打つのではなく、打ちたい箇所にくぎを当て、まず、小さく数回打ってくぎを刺します。この際、あらかじめ、キリなどでくぎ穴を少し開けておくと、くぎが曲がらずに打てます。

ポイント

打ちはじめるときは、柄のやや上の方を持ち、静かに数回打って、くぎを固定させる。

くぎは、打ちたい箇所に垂直に立て、親指と人さし指でつまむ。長さによっては、ほかの指も添えて支える。

くぎが固定したら、力がはいりやすいように柄の下を持つ。

どちらもふつう「カナヅチ」と呼んでいるが、厳密にいえば、左は「玄翁（げんのう）」。最後の仕上げにくぎの頭を打ち込むために、片方に丸みがある。右が、本来の「金槌（かなづち）」。こちらは片方がくぎ抜きを兼ねている。

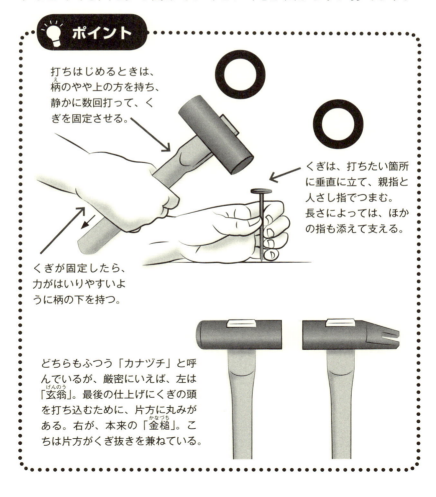

《手先の器用さ》の実態 第2部

06 雑巾がしぼれない

「雑巾がしぼれないなんて！」今では当たり前になってしまった光景です。誰も教えないし、教えるべき大人が間違っているからです。両手の力を、最も効果的に加えるためにはどう握ればよいのか。コツさえ分かれば、とても簡単なことなのですが。

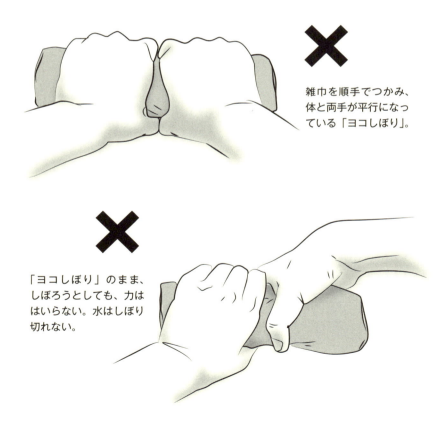

雑巾を順手でつかみ、体と両手が平行になっている「ヨコしぼり」。

「ヨコしぼり」のまま、しぼろうとしても、力ははいらない。水はしぼり切れない。

✋ しっかりしぼれない子が増えている

　学校の掃除の時間に、廊下を雑巾がけする子どもの姿は、昔から見慣れた光景です。しかし、子どもが雑巾がけをしたあとを見てみると、廊下がひどく濡れていることがあります。また、給食の配膳前には、布巾で拭かれたはずの机の上が濡れています。また、それに気づかず、その上に平気で敷物を敷いてしまう子どもを見かけることがあります。雑巾や布巾を、しっかりしぼることができないためです。

　私たちの研究会で、雑巾をしっかりしぼれるかどうかの実技調査を行ったところ、小学校6年生でさえ、正しくしぼれた子どもは3割以下というひどい結果でした。それより10年前に同じ調査を行った時は、6年生で正しくしぼれた割合が4割以上でしたから、近年ますます、できなくなっている状況にあることが分かります。

　しかし、「雑巾や布巾をしぼる」という動作は、決して難しいことではありません。きちんと教えてやったら、正しくしぼることは小学生にとっては容易なことのはずです。

まちがったしぼり方は合理的でない

　では、「正しくしぼれない子どもたち」は、どのように雑巾をしぼっているのでしょうか。

　実技調査で見かける最も多い間違ったしぼり方は、雑巾が体と平行になり、順手で持ってひねるいわゆる「ヨコしぼり」です。これだと、一生懸命ひねっても雑巾に力が入りにくく、しっかりとしぼり切ることができません。次によく見られるのが、ヨコではなくタテにしぼっていて、一見、正しいように見えるのですが、上部の手は固定したまま。下部の手だけで何度もひねってしぼっているのです。

さらに、低学年の子どもでよく見るしぼり方は、雑巾を丸めて握り、しめてしぼる方法です。まるでおにぎりやお団子を握っているかのように見えます。
　どのしぼり方にしても、しっかりと水をしぼり切ることはできませんし、手際が悪く、合理的ではありません。その結果、雑巾で拭いたはずの廊下が濡れていて、滑りやすくなり危険だったり、布巾で拭いたはずの机がびしょびしょで、敷かれた敷物まで濡れてしまったり、ということが起きるのです。

 「正しいしぼり方」のモデルを

　「ヨコしぼり」という間違ったしぼり方をしている子どもの保護者の方に、雑巾をしぼってもらうと、子どもと同様にヨコしぼりをしている方が多くいました。
　子どもの時に身につけてしまったしぼり方は、途中で指摘され、直さない限り、多くは大人になるまでそのままのようです。大人が「正しいしぼり方」のモデルとなって、子どもに見せてやることが大事です。
　正しいしぼり方（タテしぼり）は、雑巾を自分の体に対してタテにして持ち、剣道の竹刀を握るような要領でひねるのです。（ただし竹刀とちがって）手前にくる手は、左右どちらでもかまいません。この左右の手を、それぞれ逆方向にひねります。
　また、しぼり方以外に、水の扱い方を教えることも大切です。バケツに入れる水の量が多過ぎて、運ぶ時にこぼしてしまうことがよくあります。バケツに張る水の量は６分目ぐらいがよいでしょう。
　そして、雑巾をしぼる時は腰を下ろした姿勢で、まわりに水が飛び散らないように、静かにしぼることを教えてやりましょう。

第 2 部 《手先の器用さ》の実態

> 正しい
雑巾のしぼり方

しぼり方は、下のとおりです。ただ、拭かなければならないものが何かによって、力を加減することも大事です。窓ガラスなどは固くしぼって拭き、机や台所などはややゆるめにしぼって拭きましょう。

ポイント

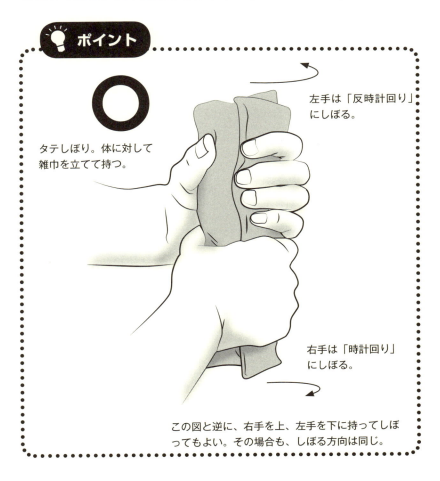

タテしぼり。体に対して雑巾を立てて持つ。

左手は「反時計回り」にしぼる。

右手は「時計回り」にしぼる。

この図と逆に、右手を上、左手を下に持ってしぼってもよい。その場合も、しぼる方向は同じ。

《手先の器用さ》の実態　第2部

07 生卵を割れない

子どもが大好きな卵料理。どんな料理も卵を割らないことにはできません。ところが、じょうずに生卵を割れない子どもがいます。大人が「まわりを汚されたくない！」と「お手伝い」をさせずにいると、コツがつかめないまま成長してしまいます。

✕ 大人も勘違いしやすい、角にぶつけて割るやり方。殻が中にはいりやすい。しかも、卵の先をぶつけている。

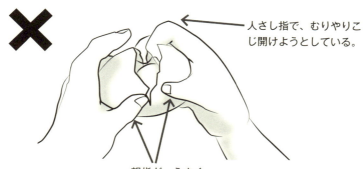

✕ 人さし指で、むりやりこじ開けようとしている。

親指が、うまく使われていない。

強くぶつけたり、むりやり指を押し込んだり

　目玉焼き、厚焼き玉子、ゆで卵、卵サンドウィッチ……など、ふだん、私たちの食卓には欠かせないのが、卵料理です。卵は、身近にある最も代表的な食材のひとつといってよいでしょう。

　しかし、その卵をじょうずに割ることができない子どもが増えてきました。テーブルの角に強くぶつけて中身をこぼしてしまったり、小さくひびを入れ、力まかせにむりやり指を押し込んで、グチャッと卵ごとつぶしてしまったり……。

　せっかく、うまくひびを入れて割ったのに卵の殻が混じってしまったり、黄身の形が崩れてしまったりする場面も、見られます。また、殻にひびを一生懸命入れようとして、卵の先を鍋などにガンガンと当てている子どももいます。見よう見まねで、卵を割る方法を知っていても、実際の体験が乏しいことが原因となって、手や指の力の加減ができず、きれいに割ることができないのです。

　小学校児童の修学旅行生を宿泊させているある旅館では、もう30年くらい前から、朝食に生卵を出していないといいます。子どもたちが、うまく割ることができないからです。

指先の巧緻性は「卵を割る」動作からも学べる

　割れない主な原因としては、調理の方法を「実際に見る」機会や「お手伝い」をする機会が減ったことが、挙げられるでしょう。保護者をはじめ大人が料理している様子を身近に見ることが減れば、「自分でもやってみたい！」という気持ちも、生まれにくくなります。大人からの「お手伝いしてくれる？」といった積極的な態度がきっかけで、子ども自身の体験不足も補えるのではないでしょうか。

これは、「卵を割る」という動作だけのことでなく、生活全般に関わっているといえます。さまざまな体験不足から生じる、手・指先の巧緻性の不十分さ、という問題につながっています。

 ## 力の加減は早い時期から身につけさせる

　大人でも、勘違いしていることがあります。卵を割るときに、テーブルなどの角にぶつけてひびを入れるのは間違いです。卵は、そもそも球体ですので、角のあるもので叩くとそれだけ殻が中に入りやすいわけです。球体である利点を生かし、叩いてひびを入れるときは、テーブルの角でなく、平らな部分（天板）でよいのです。そこに卵を打ちつければ、おのずと殻の入りづらいひびができるはずです。

　あとは、親指を、ひび割れた部分に沿って置き、少しずつ力を入れながら、開くようにすれば、卵が割れます。むりやり、ひびを入れた箇所に指を入れようとすると、殻が入ってしまったり、黄身の部分が崩れたりしてしまいます。

　小学校教科の家庭科は5年生からです。授業で教わるまで、もし「汚されるのがいやだから、割り方を教えない」というのでは、実際の調理実習における格差は歴然です。小さい頃から、家庭で習慣的に割っている子どもと割っていない子どもでは、明らかに違ってきます。手や指の力の加減は、なるべく早い時期からの「お手伝い」を通した体験の中から身につくはずです。

　卵を割るコツを身につけることで、「食材」への興味が増して、やがて、広く「食」への関心を芽生えさせることにもつながるのではないでしょうか。そのためにも、大人が意識して、褒めながら機会を与えていくことが望ましいでしょう。なお、卵を扱った後は、必ず手を洗うようにしましょう。

第 2 部 《手先の器用さ》の実態

正しい 生卵の割り方

力は、強すぎても弱すぎてもダメ。子どもが失敗してまわりを汚すことをおそれずに、ちょうどよくひびがはいるまで、繰り返しやらせてみましょう。割れ目を広げる時の微妙な力加減も同じです。

ポイント

球体であることを利用して、平らな部分に打ちつければ殻が中にはいりにくい。

強く叩き過ぎると、白身が流れ出てしまうので、要注意！

割れた部分を開く時は、親指でコントロールする。

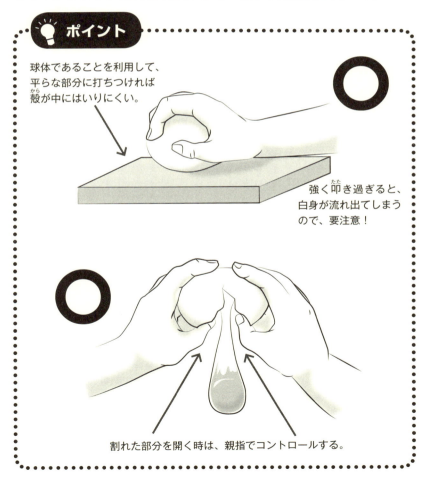

《手先の器用さ》の実態　第2部

08 かた結びができない

「1回結んで、もう1回結ぶ」。そんな簡単な動作さえ分からない子どもが、少なくありません。人間にとって、ものをつくる時の原点である「くっつける」動作のうち、「結ぶ」ことは全ての始まりです。大人がしっかり教えてやりましょう。

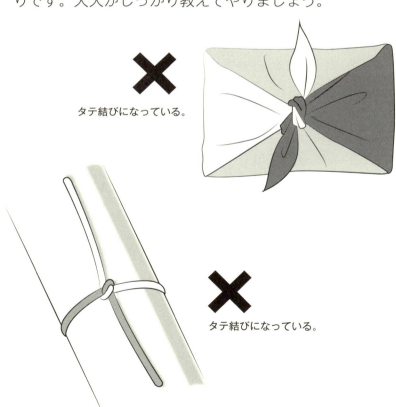

タテ結びになっている。

タテ結びになっている。

「結ぶ」ことは、全ての基本のはずなのに

　人間は、まず何かをつくり上げる際、「くっつける」こと「切る」ことの組み合わせから始めます。「くっつける」のうちで、人間が最も早く習得したのが「結ぶ」という動作であるといわれています。

　この「結ぶ」ことの習得は、人類の歴史にとって、「火」の発見と同じくらい価値あるもの、ともいわれています。ところが今や、その伝統的な技法が失われつつあります。子どもたちは、かた結び（堅結び）という簡単な結び方さえもできなくなっているのです。

　小学校では、調理実習や給食の際に三角巾(さんかくきん)を頭の後ろで結べず、友だちや先生に手伝ってもらうことが多くあるようです。また、運動会でバンダナやスカーフのようなものを身に着けてダンスをする時は、低学年の生徒は自分でできないので、親や教師が出番に合わせて結んでいるのです。リレーの選手の鉢巻きもそうです。

　遠足では、お弁当をナフキンで包んでくる子は、ほとんどいません。巾着袋(きんちゃくぶくろ)やトートバッグにいれて来ます。

 ## 「かた結び」という言葉さえ知らない

　私たちの「子どもの生活技術に関する調査」の結果、「かた結び」を正しく結べる割合は、小学生で約１割、中高生になっても２割に満たない、というひどい有様でした。「１回結んで、もう１回結ぶ」という簡単な動作が分からないのです。どうやっていいか考え込んでしまう小学生が、多く目につきます。

　驚いたことに、「かた結び」という名称さえも分からない子が、たくさんいるのです。今や「かた結び」が、死語になりつつあるのでしょうか。

ほかにも、ひもの両端をぐるぐるとねじり合わせるだけ、両端をただ交差させるだけ、結び方が「タテ結び」になる、結び目が緩んでいる、結んだあとの両端の長さが極端にちがう……など、めちゃくちゃな例は特別ではなく、低学年に大勢いました。

なぜ結べないのか

　ひもを結ぶ機会の減少が、原因のひとつと考えられます。身のまわりを見ても、結ぶ動作をせずに生活できるのです。ひも結びに代わり「くっつける」ものが多く出回るようになりました。面ファスナーやチャック、セロハンテープ、接着剤、ホッチキスなどです。

　小学校低学年が使うエプロンは、ひもがボタンや面ファスナーだったり、三角巾の端がゴムでつながれていて、結ばずにかぶればいいようになっていたりします。運動靴もひもではなく、面ファスナーであるものが多くあります。

　早く身に着けることや便利さを優先した結果、大切な生活体験の場を、大人がとりあげてしまっているともいえます。

「結び」の機会をあえてつくる

　かた結びを教えるには、まずは、親が手本を示します。そして、手を添えて、手順を教えます。

　お弁当包みは３歳児から可能です。風呂敷やナフキンを与え、積極的に包む機会を増やします。弁当包みからひも結びへと発展させましょう。

　ひも結びの機会を増やすことは、巧みに、しなやかに動く手を育てる絶好の機会です。「結ぶ」という知恵を伝えていくことは、私たちの生活を豊かにすることでもあります。

第 2 部 《手先の器用さ》の実態

正しい かた結びの結び方

まず、色の違う2本のひもで練習させるのもよいでしょう。1度くぐらせて、それぞれの色のひもの交差の仕方を確認した上で、もう1度くぐらせ、ひもの重ね方がどちらになっているか確かめます。

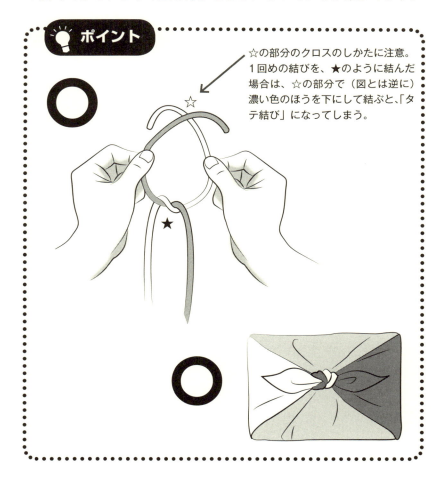

ポイント

☆の部分のクロスのしかたに注意。1回めの結びを、★のように結んだ場合は、☆の部分で（図とは逆に）濃い色のほうを下にして結ぶと、「タテ結び」になってしまう。

《手先の器用さ》の実態　第2部

09 花結び（蝶結び・リボン結び）ができない

靴ひもは、花結び（蝶むすび・りぼん結び）にしておかないと、なかなかほどけなくてたいへんです。ところが、この花結びができない子どもが少なくありません。できないために、ゆるめのかた結びにしたまま。ひも靴の意味もなく、危険です。

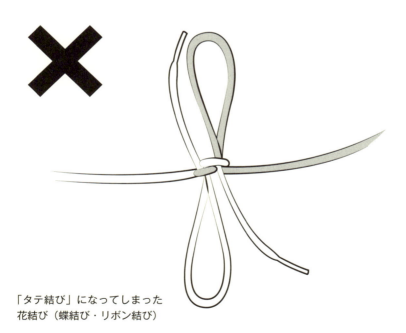

「タテ結び」になってしまった
花結び（蝶結び・リボン結び）

なぜ「花結び」ができないと困るか

　生活の中で、花結び（蝶結び・リボン結び）はいろいろな場面で使われています。例えば、エプロンのひもは後ろで花結びにします。また、プレゼントのリボンも花結びになっていることが多いです。そして、子どもが生活でいちばん使うのは、靴のひもではないでしょうか。

　一時、小学生がひもを結べないために、面ファスナーの運動靴が流行しました。しかし、最近はファッション性や運動のための機能性を重視し、再び、ひもで締める運動靴が人気となっています。

　ところが、そのひもをしっかり結べないのです。そのために走っているうちにひもが解けてしまい、自分のひもを踏んで転ぶ、といった事態が生じています。

　また、花結びができないので「かた結び」にしてしまい、今度はほどけなくなってしまうこともあります。ほどけないと靴が脱げないので、緩めのかた結びにして結んだまま、脱ぎ履きをしていたりします。これでは、ひも靴にする意味はまったくないでしょう。

 ## 「タテ結び」ではほどけやすい

　さらに、もうひとつ問題があります。それは「タテ結び（縦結び）」になってしまうことです。「タテ結び」という言葉を知らない人も多いのではないでしょうか。国によっては、タテ結びを使う場合もあるようですが、日本では、タテ結びは縁起が悪いとされています。というのも、亡くなった方の帯をタテ結びにするからです。

　また、結び方によってはタテ結びの方がほどけやすく、靴のひもなどはすぐほどけてしまいます。ですから、靴のひもやエプロンのひもが、タテ結びにならないように、正しく結ぶ必要があるのです。

見た目が美しい「花結び」

　花結びの良さのひとつは、見た目が美しいことでしょう。「蝶結び」や「リボン結び」などの呼び方でも分かるように、じょうずな結び目は、とても華やかに見えます。お子さんの髪に結ぶリボン、プレゼントに掛けるリボン、服についているリボンなど、左右が均等にバランスよく結ばれていると素敵です。

　もうひとつの良さは、勝手にほどけることはないのに、ほどこうと思えば簡単にほどけるということです。輪になっていない方の２本のひもを引けばよいだけです。かた結びの場合は、ギュッと締まった結び目をほどくのは容易ではありませんが、花結びでしたら簡単です。水着のひもなどは花結びにしないと厄介(やっかい)なことになります。かた結びになった結び目が、さらに水で濡れて、ほどけなくなるからです。きちんと花結びを覚えておけば困らなくてすむでしょう。

 ## 上のひも、下のひもを意識して結ぼう

　ひも結びの練習をはじめる時には、結びやすいひもの太さや素材、長さに気を配るとよいでしょう。子どもの手でも扱いやすいことが大切です。市販の知育玩具などで練習するのもよいですが、日々の生活の中で、具体的な必要に応じてやらせる方が意味があると思います。ひもをきちんと結ぶことが自分の生活に影響するのですから、達成感も違うでしょう。

　基本として教えることは、１回結んだあとに上に出ているひもは上から回し、下に出ているひもは下から回す「上は上から、下は下から」ということです。この基本を覚えておくと、体の後ろで結ぶ場合でも、タテ結びになりません。

第 2 部 《手先の器用さ》の実態　51

花結び(蝶結び・リボン結び)の結び方

教えるときは、後ろに回って子どもの向きと同じ位置から教えましょう。1つずつ形を確認させながら、輪をつくり、重ねていきます。いきなり靴ひもでなく、扱いやすい太さで練習させましょう。

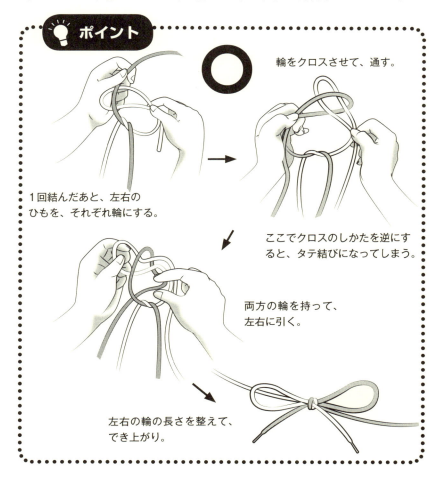

ポイント

輪をクロスさせて、通す。

1回結んだあと、左右のひもを、それぞれ輪にする。

ここでクロスのしかたを逆にすると、タテ結びになってしまう。

両方の輪を持って、左右に引く。

左右の輪の長さを整えて、でき上がり。

10 ボタンをとめられない

「ボタンがない服のほうが楽」、「着替えに時間がかかりすぎる」と、ボタンの服を着せないでいると、子どもはいつまでもボタンをとめる習慣が身につきません。親がめんどうくさがらず、手元をよく見させて、しっかりかけられるようにしましょう。

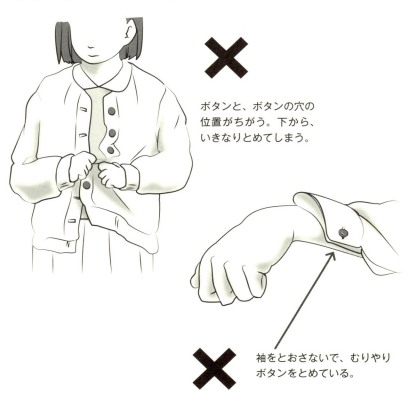

✗ ボタンと、ボタンの穴の位置がちがう。下から、いきなりとめてしまう。

✗ 袖をとおさないで、むりやりボタンをとめている。

たった３つか４つのボタンでもたもたする

　ボタンをとめることは、衣服の前の下の部分がいちばんやさしく、上に向かうにつれて、難易度が高くなります。見えなくなるからです。次にやさしいのは、右利きの場合は左手の袖口で、いちばん難しいのは、右手の袖口です。左利きの場合は、これが逆転します。

　例えば、小学校の給食時間では、給食当番の子どもたちが白衣に着替えます。10 人から 15 ～ 16 人ほどの子どもたちが身支度をするのを待つのですが、なかなか時間がかかります。手を洗って帽子をかぶり、白衣を着るだけなのですが。

　見ていると、ボタンの穴の口を少しだけ開けて、力まかせに引っ張る子がいます。袖が裏返しの子や、たった３つか４つのボタンにもたもたする子など、不器用な子どもがずいぶんといるのです。

　子どもたちの中には、白衣のボタンを、１週間かけたまま、幼稚園や保育所でスモックをかぶるように頭から着ていることも、珍しくはありません。洗濯してアイロンをかけ、ボタンをかけた月曜日のままということです。ボタンをとめ直すことができないからです。

大きなボタンでゆるい穴から教えよう

　以前は、こうした子どもを低学年で目にして、指導したものです。いつの頃からでしょうか、今では高学年の子どもでも、ボタンをとめられない子どもがいるのです。身についていれば、ボタンかけは、決して時間がかかる作業ではありません。

　しかし、たいがい支度の遅い子を待っているのは、ボタンをすでにかけ終えて着ている子どもの方です。給食の時間は限られていて、食べる時間が少なくなり、クラスの全員を困らせてしまいます。

ボタンかけは、いつ頃からできるのでしょうか。多くの子どもは2歳になると、着衣を1人で脱ごうとしたり、着ようとしたりします。大人のすることを真似る時期になるのです。しかし、まだまだ指を思うようには動かすことができません。この頃の子どもには、例えば、ボタンの穴に半分通しておいて最後にボタンを押す（引っ張る）ところだけやらせてみては、どうでしょう。子どもは「できた！」と大喜びしますから、大人は「じょうずにできたね」と褒めてやります。子どものやる気を失わせないように、繰り返すことが大事です。

　パジャマから始めてみるのもいいでしょう。パジャマは毎日着たり脱いだりしますし、パジャマのボタンは、小さな子どもの指にも扱いやすいものがあります。生地も柔らかく、ボタンの穴もゆったりとしています。逆に、子どもに難しいのは、デニム地の衣服です。デニム地の衣服はじょうぶでよいのですが、ボタンの穴は自由になりませんので、小さい子どもには難易度が高まります。

自分の手元をよく見させる

　また、どうすればうまくできるのか、子どもには手元をよく見させる必要があります。「よく見てやろうね」の声掛けをしましょう。

　不器用な子どもの多くは、どんな動きでも自分の手元を見ないでやってしまって、「できない」とあきらめることがしばしばあります。

　前のボタンをかけたり、靴下を履いたり、袖を通したりするような着衣の基本は、3歳半頃に多くの子どもたちができるようになっています。小学1年生で、手際よくボタンをかけたり、外したりするのは、決して難しいことではありません。

　ボタンがかけられれば、頭からかぶるタイプの服だけではなく、シャツやブラウス、カーディガンなど、おしゃれの幅も広まります。

第 2 部 《手先の器用さ》の実態

正しい ボタンかけの教え方

まず、大きめのボタンがある服から着せましょう。大きいボタンは子どもの指でもつまみやすいです。大きめのボタンで慣れたら、小さなボタンの服、そで口にボタンのあるシャツを着せてみましょう。

ポイント

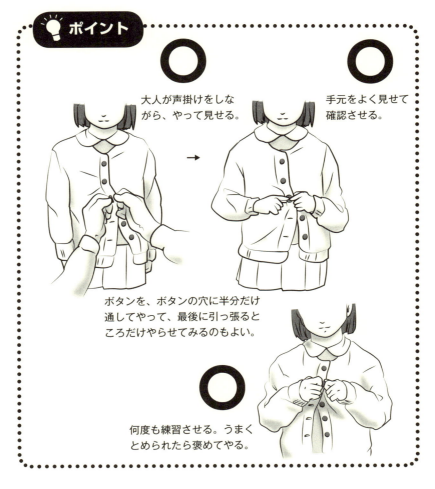

大人が声掛けをしながら、やって見せる。

手元をよく見せて確認させる。

ボタンを、ボタンの穴に半分だけ通してやって、最後に引っ張るところだけやらせてみるのもよい。

何度も練習させる。うまくとめられたら褒めてやる。

《手先の器用さ》の実態　第2部

11 ハサミが使えない

ハサミは生活の身近な道具です。しかし、小さい子どもの頃に使い方を身につけないと、何歳になっても、じょうずに切ることはできません。特に丸く切る時は、ハサミを持つ手だけでなく、もう一方の手と同時に動かすことを、理解させましょう。

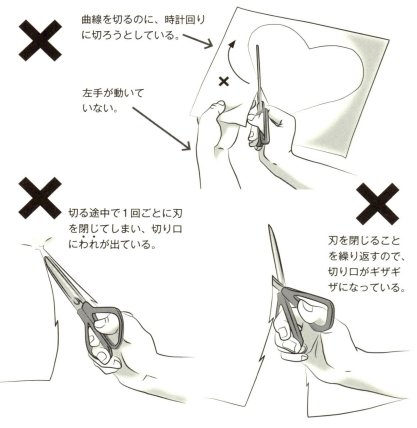

曲線を切るのに、時計回りに切ろうとしている。

左手が動いていない。

切る途中で1回ごとに刃を閉じてしまい、切り口にわれが出ている。

刃を閉じることを繰り返すので、切り口がギザギザになっている。

少しずつしか切り進めない

　子どもはハサミを使うのが大好きです。紙を切り刻むこと自体に夢中になっていることもあります。しかし、ハサミを使いはじめる年齢は、その子の生活環境によってかなり違いがあります。幼稚園の3歳児クラスでも、きちんと教えれば楽しく使うことができますが、使い方を教えなければ5歳児になってもじょうずには使えません。

　幼児どころか、小学生になってもハサミを使いこなせない子どもが、少なくありません。ためしに、小学生にサインペンで描いたハート型をハサミで切り取ってもらうと、うまくできない子は、とても慎重にハサミを動かすので、たいへん時間がかかっています。少しずつしか、切り進むことができないのです。

　しかも、サインペンの線をはみ出してしまい、切り取ったハートが小さくなっています。学校の授業でハサミを使う必要があった時、全体の流れから遅れてしまうのではないかと、心配になります。

 ## 左右の手を同時に使うということ

　また、1回ずつ刃を閉じてしまい、切り口がギザギザになってしまう子どももいます。いいかえれば、刃先を落としてしまうために切り口にわれが入るのです。この使い方だと、線からは大きく外れてしまうことが多いです。小学生になってもハサミをうまく使えない子どもは、経験が少な過ぎるのだと考えられます。幼児期にハサミを使っていなければ、小学生になっても使えるはずはありません。

　紙をハサミで切るときの動作は、①ハサミを持っている手を握ったり開いたりする動き、②紙を持っている手を線と刃が合うように動かす、この2つの動きを同時に行う、「協応動作」です。

使いこなすにはやはり時間が必要

　ハサミを持っている手は、チョキンと、刃を全部閉じてしまうと切り口がギザギザになってしまうので、刃を全部は閉じないように調整します。動かすのは紙の方で、ハサミを持っている手は同じ位置で開閉を繰り返すのです。うまく使えない子は、ハサミを持っている手が大きく動いています。

　ただし、ハサミを使い始めの頃は、チョキンチョキンと、切り落とすような遊びから始めるとよいでしょう。そのうち、切り落とさずに途中まで切り目を入れる、といった動作になり、徐々に複雑な線を切れるようになっていきます。

　ハサミを機能的に使いこなせるようになるには、段階を踏みながら自分の体で加減を覚えていくしかないのです。だから、時間がかかります。「〇年生になったから使える」というものではないのです。

よく切れるハサミを与える

　手を切ると危ないからと、子ども用の切れないハサミを使っている場面を見かけますが、よく切れないハサミでは、何の役にも立ちません。子どもは切れないことにイライラし、無理に紙を引っ張って破いてしまったり、かえってハサミを使うことを止めてしまったりします。

　子どもにハサミを与える時には、子どもの手の大きさにあったものであることと同時に、よく切れる本物のハサミを与えることが大切です。また、先のとがったハサミの方が、穴をあけるという使い方の幅が広がり、子どもにとって利用価値が大きいし、使いたい道具になるはずです。

第 2 部 《手先の器用さ》の実態

正しい ハサミの使い方

最初は、まっすぐに切ることを覚えさせましょう。刃先を落とすと、われが出ることを理解させ、だんだん切り落とさずに切り目を入れることを覚えさせます。その上で両手を使って丸く切るように教えます。

ポイント

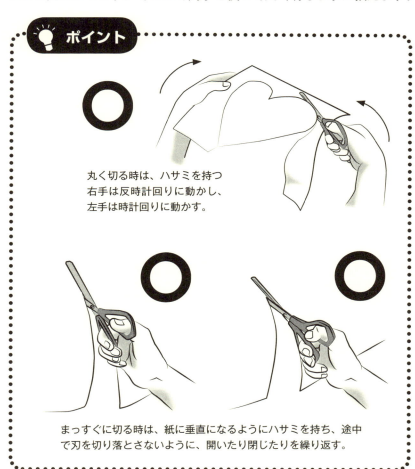

丸く切る時は、ハサミを持つ右手は反時計回りに動かし、左手は時計回りに動かす。

まっすぐに切る時は、紙に垂直になるようにハサミを持ち、途中で刃を切り落とさないように、開いたり閉じたりを繰り返す。

《手先の器用さ》の実態　第2部

12 針に糸が通せない

昔は当たり前、でも、今はほとんどしなくなった家事のひとつが針仕事です。男子女子の区別なく、針を家庭科以外使ったことがありません。そのため、針に通すために必要な糸の切り方も分からず、糸を「なめる」ことをいやがる子どもさえいます。

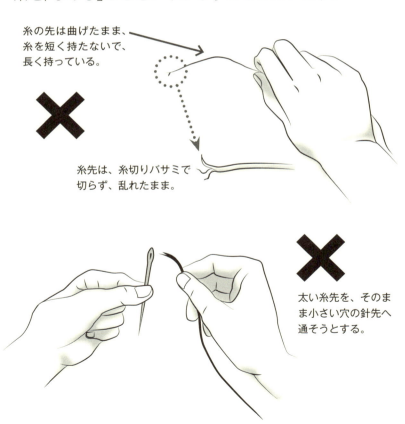

糸の先は曲げたまま、糸を短く持たないで、長く持っている。

糸先は、糸切りバサミで切らず、乱れたまま。

太い糸先を、そのまま小さい穴の針先へ通そうとする。

「手縫い」が基本、だがその前に糸が通せない

　小学校学習指導要領の「家庭」の目標と内容（５年及び６年）では、「手縫いや、ミシンを用いた直線縫いにより目的に応じた縫い方を考えて製作し、活用できること」を指導するように示されています。

　ここでいう「手縫い」とは、手で縫い針に糸を通したり、糸の端を玉結びや玉どめにしたり、布を合わせて縫ったりすることです。

　しかし、この「手で縫い針に糸を通すこと」は、（視力が良いとか悪いとかということとは関係なく）今の子どもたちにとって、とても難しい作業のひとつになっています。

　糸には「縒り」が、かかっていますから、針に糸を通すときは、糸の縒りに沿って、糸切りバサミでカットします。糸先１cmぐらいを親指と人さし指ではさんで持ち、針穴に通します。針を持つ手を固定して、糸を針穴に通します。または、さらに糸先を短く持ち、糸を持つ手を固定して針を動かして糸を通す方法とがあります。どちらも、糸先がバラバラになっていると通しにくくなるので、もう一度、糸切りバサミで切るか、少しなめて、糸先を整えてから通します。

 ## 繊細で集中力が必要な作業

　ときには、困難なことのたとえに「針穴に糸を通すようなもの」というように、糸を通すということは、実は、非常に繊細な動きと集中力を要する作業なのです。それでも、家庭で針仕事が日常的に行われていた頃は、「お手伝い」のひとつとして、子どもにとって身近な環境で経験できる作業だったと思います。しかし、ほとんどの衣服に既製品が多く流通するなどして、家庭で針仕事をする機会も少なくなってしまったため、この動作は激減してしまいました。

糸先をなめることができない子どもたち

　家庭科の授業で、布を使って何か作品を制作する際、子どもたちは自分で作ることに、とても興味を示します。布を選んだり、デザインを工夫したりと、意欲的です。ところが、作業に入ってしばらくすると、思うように作業が進まなくなります。

　縫い針に糸が通らないからです。何度も何度も通そうとして、糸先はバラバラになっています。もう１度、糸切りバサミで切っても、うまく通せません。糸先をまとめるために、少しなめるように促すと「きたない」という子もいます。保護者など大人たちが糸先をなめて糸を通す姿を、見たことがないのです。

　糸がなかなか通らなくて、集中力が切れてしまう子どももいます。もちろん、難なく作業を進めている子どももいます。しかし、よく見ると「糸通し」を使って糸を通しています。最近は、裁縫セットの中で糸通しは、必需品となっています。しかし今度は、その糸通しを針穴に通すことに苦戦する子どもが、出てきています。

 ## 若い教師もなかなか通せない

　小学校の運動会で、家庭で縫い付けるよう伝えていたのに、運動着に「ゼッケン」を縫い付けて来なかった子どもがいました。開会直前で急いでいたので、ある年配の教師が、子どもの方が早く糸を通せるだろうと思って、針と糸を子どもに渡しました。

　ところが、なかなか通せません。側にいた若い教師が代わって通そうとしましたが、これまた通せません。結局元に戻って、「針穴が最近よく見えない」といっていた年配の教師が、たちまち糸を通して、子どもにゼッケンを付けてやった、ということがありました。

第 2 部 《手先の器用さ》の実態

正しい 糸の通し方

針に通すには、まず糸を細く通りやすい形にすることを、子どもに教えましょう。糸の「縒(よ)り」に沿って糸切りバサミで斜めに切り、よじるか、なめるかします。針穴に近づける時は先を短く持ちます。

ポイント

糸先をまとめるために軽くよじる。少しなめてもよい。

上のようにして糸先を整えた上で、親指と人さし指で糸を短く持ち、針の穴に通す。

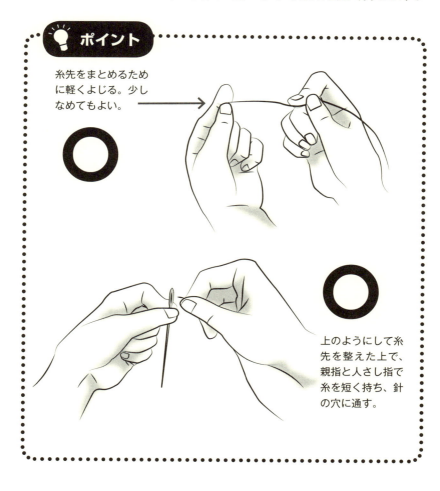

《手先の器用さ》の実態　第2部

13 顔を洗えない

両手で水をすくえない子どもが増えています。顔を水につけるのができない子もいます。朝の洗顔は、顔に浮き出た汚れを落とすだけでなく、1日をすっきり始めるのにも効果的です。両手で「器(うつわ)の形」をつくって洗うことで、水の節約にもなります。

片方の手だけで、水を顔になすりつけている。

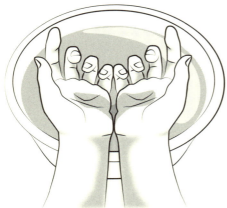

両手がふぞろいに開いてしまっているので、「器の形」ができず、水をすくえない。

気分すっきり、脳も活発に

　顔を洗うことは、ほとんど全ての人が、毎朝ふつうに行っている動作です。顔を洗うことの意味は、寝ている間にたまった汚れを落とす、ということです。顔は、夜寝ている間に出る皮脂などで顔が覆われます。それを洗うことで、すっきりした気分で１日を始めることができます。ただし、これは気分の問題で、必ず顔を洗わないと「汚い」というわけではありません。

　また、脳に近い顔面に刺激を与えることで、目を覚ましたばかりで働きが鈍い脳を活発にする効果もあります。特に、冷たい水で洗うと刺激が強いので、目が覚めやすくなります。眠い時に顔を洗ったことのある方も多いと思います。この点は、はっきり効果があると言えるでしょう。

「顔を洗う」のではなく、「あごを洗う」子ども

　この「顔を洗う」動作ですが、最近ではどうでしょうか。清潔好きな日本人のことですから、けっこう広く、行われていると思われます。ただし、正しく行われているとは限りません。

　そのことは、私たちの調査でも表れていました。顔がうまく洗えない子が、たくさんいます。以下に、実際の調査の場面で見かけた、変わった洗顔行動を挙げます。

　ある子は、まず水に片手をつけてその手で顔をなぜ回し、その後、タオルで顔を拭いていました。これと似たような行動は、意外に多くの子どもに見られました。「顔を洗う」ことは、親から手を取って教えてもらう子が多いのでしょうが、親が顔を洗う行動を見ていて、いい加減に覚える子もいると思います。

子どもの中には、「顔を洗う」ということは「水で顔を拭く」ことと理解して、先に挙げたような行動を取るものと考えられます。
　中には、まったく顔を洗うことができない子もいました。ある女子は、水を両手ですくって、あごのところだけその水で濡らし、タオルで拭きました。これでは、「顔を洗う」ではなく、「あごを洗う」ということになります。これも、親がきちんと顔を洗うやり方を教えていないからであろうと思います。

 ## 手で「器の形」をしっかりつくらせるところから

　では、なぜ子どもたちがこのような行動をするのでしょうか。その原因のひとつは、顔に水がかかることに対する恐怖感と考えられます。人間は水中では呼吸ができません。ですから、顔が水に浸ることや、鼻が水につかることには本能的に恐怖を感じます。そのため、顔に水がかかる「洗顔」や「入浴」などの行為を恐れるのでしょう。
　このような行動は、もしも保護者がそばで見ていれば、すぐに分かることです。毎朝、子どもの行動をじっくり観察する必要はありませんが、ときには、子どもがきちんと顔を洗っているかどうかを見て、もし、間違ったやり方をしていれば、「こうやるのよ」と説明してやりましょう。
　特に、幼い子どもの場合は、①両手で「器の形」をつくること、②水が漏れないように指の間をきちんと合わせること、③手ですくった水を顔の方に持っていかず、顔の方を手の方に近づけること……など、少しずつ教えてやることが必要です。
　幼い子どもには、ひとつひとつの動作が難しいので、それだけ時間をかけ、ていねいに無理なく指導することが大切です。ちなみに、動物の中で両手で水をすくうことができるのは、人間だけだそうです。

第 2 部 《手先の器用さ》の実態

正しい 顔の洗い方

片方のてのひらだけでは、大人でも、じょうずに水は汲めません。両手の指をしっかり合わせて、水がこぼれないよう「器の形」にすることから教えます。そして、顔の方を、洗面器に近づけます。

ポイント

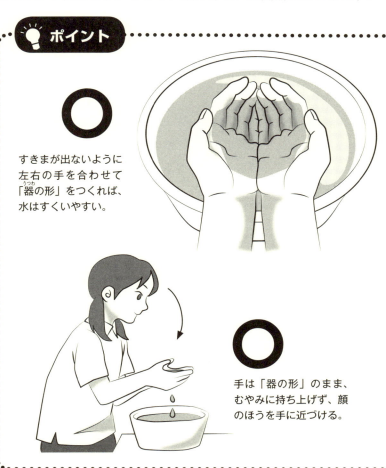

○ すきまが出ないように左右の手を合わせて「器の形」をつくれば、水はすくいやすい。

○ 手は「器の形」のまま、むやみに持ち上げず、顔のほうを手に近づける。

《手先の器用さ》の実態　第2部

14 食器を並べられない

食事は栄養の補給だけが目的ではありません。家庭で食卓を囲むことは、作る、並べる、楽しむ、という「食べる」以外の動作や五感を育みます。感性を磨く意味でも正しい配膳を心がけましょう。

◎「一汁三菜」の場合

おかずの並べ方、箸の位置が誤っている。

◎「一汁二菜」の場合

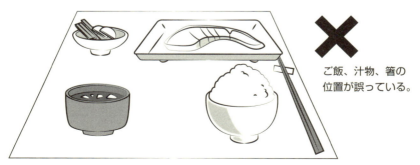

ご飯、汁物、箸の位置が誤っている。

「食べられれば何でもいい」が増えている

　昼食の時に、箸を縦向きに置いた子どもがいたので「箸は、左に箸先が来るように、横向きに置きましょう」と教えると、「えっ、そうなの？　知らなかった」という返事が、返ってきました。その子は今まで、家庭で注意されたことはないといいます。

　箸の置き方だけではありません。ほかの食器の並べ方も、気にしたことはないと話します。そもそも、味噌汁などの汁物が、食卓にほとんど出されないと話す子もいます。

　「カフェご飯」や「ワンプレートご飯」と呼ばれる、一皿の上に、ご飯、おかず、汁物、デザートが、全て盛りつけられたスタイルの食事が、はやっています。おしゃれに盛りつけられたお皿は見ばえもよく、あと片づけもお皿一枚ですんで楽だということでしょう。

　また、お惣菜を、買ってきた容器のまま食卓に並べてすませてしまうこともふつうにあると、子どもたちは話します。市販のお弁当であれば、そのまま食べられるし、食器に移してをわざわざ並べなくても、「食べられれば何でもいい」というのです。

家族で食卓を囲む中で身につけたはずだったが

　1人で食事をする "孤食" も増えています。1人であれば、どんな食べ方をしても、何を食べても、誰にも何もいわれません。

　しかし、食器の並べ方はもともと、家庭で食事をする際に、家族のお箸や茶碗を並べたり、おかずのお皿を運んだりと「お手伝い」をする中で、子どもの頃から身につけてきたことでした。家族で食卓を囲み、会話を楽しみながら食事をすることは、日々の生活の中で当たり前に行われていたことだったと思います。

「配膳及び後片付け」も学校で教える現状

　食事の仕方や基本的なマナー、好き嫌い無く食べることなどは、もともと家庭で教えられてきたことでした。

　しかし、現在では、小学校学習指導要領の「家庭」の目標と内容（5年及び6年）として、「楽しく食事をするための工夫をすること」とあります。また、「材料の洗い方、切り方、味の付け方、盛り付け、配膳及び後片付けが適切にできること」ともあります。

　つまり、ふだんの生活で保護者が教えることができるはずの、日々の食事の仕方そのものについても、学校の授業で学ばなければならない状況になってしまっているのです。

 ## 感性も学べるのが、日々の食事

　和食の基本的な「一汁三菜」の配膳の仕方は、箸は手前に箸先を左にして横向きに置きます。左手前にご飯茶碗、右手前に汁椀を置きます。肉や魚などの主菜を右奥、煮物などの副菜を左奥、漬け物などの香の物を中央に並べます。尾頭付きの魚は、頭を左にして、腹を手前にして置きます。

　食事を作る際は、献立を考え、食材を用意し、調理して器に盛りつけます。どんな器にどのように盛りつけるかで、見ばえも違ってきます。食器のちょっとした使い方で、気分が良くも悪くもなります。

　このように、食事は、人間ならではの視覚・嗅覚・聴覚・触覚・味覚といった「五感」をフル回転させ、楽しみ、味わうものなのです。栄養の補給だけが目的ではありません。

　日々の食事の中から、感性を磨くことができるのです。「たかが食器並べ、されど食器並べ」といってよいのではないでしょうか。

第 2 部 《手先の器用さ》の実態

正しい 食器の並べ方

献立で変化はあっても、まず「一汁三菜」（汁物が1つ、主菜が1つ、副菜2つ）の基本を、しっかり覚えましょう。箸置きの活用は、見ためや衛生面だけでなく、箸の持ち方に気を配る習慣も身につきます。

ポイント

◎「一汁三菜」の場合

◎「一汁二菜」の場合

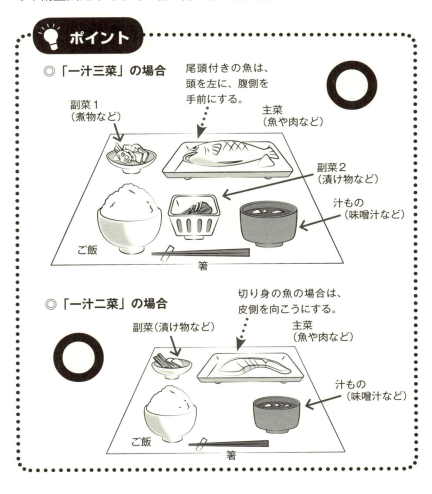

《手先の器用さ》の実態　第2部

15 ライター、マッチが使えない

子どもの"火遊び"は危険です。絶対に子どもだけで点火器具を使わせてはいけません。しかし、現代の便利な生活では、大人が意識して"火の使い方"を教えないと、子どもは誤った知識を持ったまま育ちます。大人が見守りながら、学ばせましょう。

火がつくほうを手前にして、すろうとしている。

横車

人さし指で横車（フリント）をこすろうとしている。

【注】幼児による着火事故を防止するため、消費生活用製品安全法の「特別特定製品」に基づく安全規制が実施され、2011年12月以降は、幼児の指の力では固くて押しにくい形式のライターしか販売できなくなった。だが、それ以前のものはまだ家庭その他に残っているので、要注意。なお、上記に適合した製品には「PSCマーク」がついている（PSC=Product Safety of Consumer Products）。参考：経済産業省HP「消費生活用製品安全法の概要」

そもそも「マッチで点火」を知らない子どもたち

　便利な生活をしていると、ライターやマッチを用いて火をつける経験は、極端に減ってきており、最近の子どもたちは身近にライターもマッチもない状況で生活しています。

　家庭での調理も、自動で点火できるガスコンロか、電磁調理器（IH クッキングヒーター）になり、全て電気で調理するキッチンも増えてきています。そのため、「マッチで点火する」方法を知らない子どもがほとんどでしょう。ライターに関しては、家族にタバコを吸う人がいると点火する場面を見ていたり、何かの機会に親につけ方だけ教えてもらったりした子どもは、できるかもしれません。

　夏の恒例行事として、花火をする家庭も多いでしょう。そんな時は、ライターやマッチを使用することも出てきますが、基本的には保護者が点火しています。

　また、近年は仏壇がない家庭も多く、ローソクや線香に点火することも少なくなりました。お墓参りの時などに、線香を供えるため使用する機会がありますが、戸外で風が吹くと火をつけるのは難しいため、安全で簡単に点火できる「多目的ライター（点火棒、着火ライターなどともいう）」を用いることが多いようです。

使い方には注意し、慎重に取り扱う習慣を

　もちろん、子どもだけでの花火は厳禁です。ライターやマッチで点火する時に、衣類に燃え移ったりする危険性や、花火やマッチの燃えカスをきちんと始末しないために、火事ややけどの原因になることもあります。マッチの火を消す時は安全に配慮し、水を入れた空き瓶や缶などを用意し、燃えカスのマッチ棒を入れます。

ライターは喫煙に便利な携帯機器としてとても普及しています。オイルライターやガスライターなど多くの種類があります。引火性がある燃料で蓋(ふた)を閉めるまで燃えているため、可燃物の上に落とすと燃え広がる可能性があり、慎重に取り扱う必要があります。特に金属製のライターは本体が熱くなるので、使用した後はしっかりふたを閉めましょう。もし、子どもが火を使う時は必ず保護者がそばで見守り、幼児には絶対触らせず、必ず保護者が火を扱いましょう。
　まず、保護者など大人が、正しいライターの使い方、マッチの使い方を子どもに教えることから始まります。

理科の時間にアルコールランプの点火で教える

　小学校では、中学年の理科の授業でアルコールランプを扱う時、マッチの使い方を指導します。小グループに1箱ずつ渡し、マッチをする練習をしますが、最初は力の加減が分からずマッチ棒を折ることがあり、保護者に家で練習するようにお願いすることもあります。
　マッチ棒の先端は発火性の混合物であるため、指を先端に近づけないように気をつけ、周囲に燃えやすい物がないか、確認させます。そして、する時はマッチ棒を親指と人さし指、中指も添えてしっかり持ち、箱の側面にマッチ棒の先を手前から向こうに、すります。
　ライターは、本体を持つ位置や炎の出方に気をつけ、調整します。子どもには、ライターやマッチは「火がつく道具」であることを説明し、絶対に火でふざけないこと、いたずらしないことを約束させて使うようにしましょう。
　また、キャンプなどアウトドア活動は、火を使うよい機会です。自然に触れ、ふだんの生活では味わえない野外での調理を楽しみながら、火の安全な扱い方を学ぶ経験も、たいへん有意義です。

第 2 部 《手先の器用さ》の実態

正しい ライター・マッチの使い方

ライターもマッチも、最も大事なことは、大人が管理し子どもだけで使わせないことです。その上で、正しい使い方を教えます。特にマッチ棒の持ち方は、子どもに安全と周囲への配慮を徹底させます。

ポイント

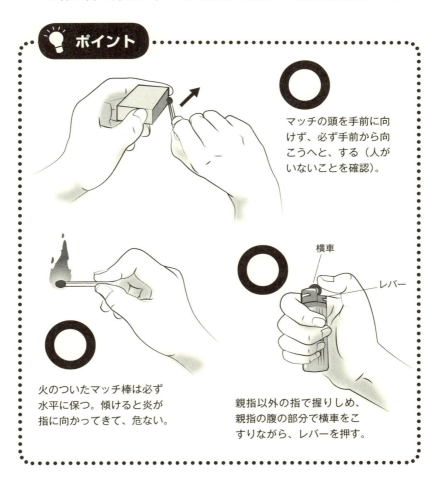

マッチの頭を手前に向け、必ず手前から向こうへと、する（人がいないことを確認）。

横車

レバー

火のついたマッチ棒は必ず水平に保つ。傾けると炎が指に向かってきて、危ない。

親指以外の指で握りしめ、親指の腹の部分で横車をこすりながら、レバーを押す。

《手先の器用さ》の実態　第2部

16 包丁を使えない

包丁は、日々の食生活からどんどん追いやられています。調理いらずの食品のおかげです。しかし、食べることの基本は調理で、調理の基本は包丁の使い方です。正しい扱い方を身につけていないと、いざというときに使えず、かえってケガをします。

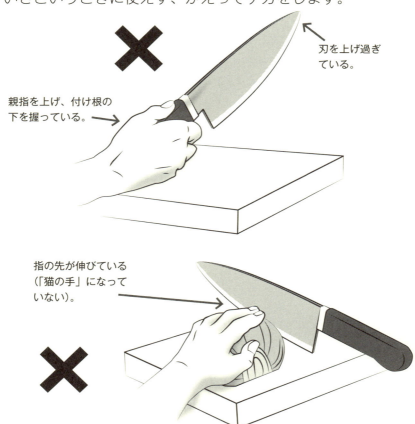

刃を上げ過ぎている。

親指を上げ、付け根の下を握っている。

指の先が伸びている（「猫の手」になっていない）。

「できる子に任せれば、やってくれる」

　包丁の使い方を確認するために、ある小学生のクラスで、リンゴの皮をむくテストを行いました。テスト本番の日、「先生、練習してきました！」と、手を挙げた子どもの両手に、たくさんのガーゼ付き絆創膏(ばんそうこう)が張られていました。その努力を讃(たた)えながらも、「なぜ、包丁を持つ手にまで、バンソウコウが巻かれているの？」と尋ねてみましたが、「タイヘンだった」ことしか話してくれませんでした。

　この包丁の使い方テストで初めて包丁を使った、という子も少なくありません。「リンゴは皮ごと食べられる」「ピーラーでむける」などという子どももいて、家庭では全く包丁を使ったことがない、と話します。小学校や中学校の家庭科では調理実習がありますが、数回しか行われません。「同じ班のできる子に任せておけば、自分がやらなくてもやってくれる」と話す子もいます。

 ## 「猫の手」を知ってはいるが

　包丁を使わせてみると、子どもたちは「食材を押さえるほうの手を『猫の手』にする」ということは、知っています。なぜ「猫の手」にするのかと尋ねると、「指が切れないようにする」と答えます。

　しかし、食材のどのあたりを押さえたらよいのか、包丁の刃の当て方はどのようにするのがよいのか、などはあまり分かっていません。包丁の刃を上に上げすぎて、ケガをしそうになる子もいます。

　また、みじん切りの時は、「猫の手」にしていません。むやみに食材を包丁で叩(たた)いて細かくしようとします。まな板のまわりにはたくさんの食材が飛び散り、無駄な力を入れ過ぎてすぐに疲れてしまいます。もちろん、食材も均一にみじん切りにはなっていません。

中には、ふぞろいの食材をひとつずつ、ていねいに、大きさを合わせて切っている子もいます。しかし、これでは、限られた調理実習の時間内に、準備・調理・試食・片づけまでを終わらせることはできず、大変な作業になります。

安全で使いやすい握り方、姿勢で

包丁は、正しくは刃を下向きにした状態で、柄(え)の部分をてのひら全体で握ります。親指と人さし指で、包丁の柄の付け根部分をしっかりはさみ込むとぐらつきません。

調理台には、握りこぶしひとつぶん空けて立ちます。足は肩幅くらいに開き、包丁を持つ手の方の足を少し後ろに引いて、立ちます。

材料を押さえる方の手は、指の第1関節と第2関節を軽く曲げて材料を押さえます。第2関節に包丁の側面を当て、決して第2関節より上に包丁の刃を上げないように上下に動かします。

押すように切る場合、引くように切る場合

野菜などを切る時は、包丁をスーッと向こうへ押すようにして切ります。また、肉や魚を切るときは、包丁を手前に引くようにして切ります。

包丁のみねに人さし指を添える持ち方は、刺身のそぎ切りや、食パンなど、手前に引きかげんに使う時や、柔らかいものを切る時に適しています。

世界各地には、昔から様々な包丁があり、食材や調理法を反映しています。特に日本の食文化では、食材によって包丁の切り方を(場合によっては包丁の種類も)使い分けてきました。包丁の基本的な使い方とともに、そんなことも子どもに教えてやりましょう。

第2部 《手先の器用さ》の実態

正しい 包丁の使い方

包丁は刃物です。使い方しだいで危険であることを、子どもには十分に理解させましょう。その上で、包丁を握る指と、切る物を支える指の力の加減にも注意させます。使う時の姿勢も、とても重要です。

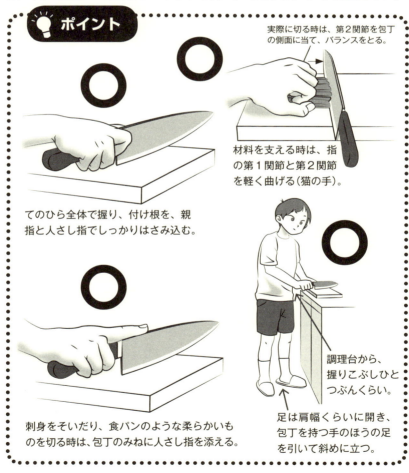

ポイント

てのひら全体で握り、付け根を、親指と人さし指でしっかりはさみ込む。

実際に切る時は、第2関節を包丁の側面に当て、バランスをとる。

材料を支える時は、指の第1関節と第2関節を軽く曲げる(猫の手)。

刺身をそいだり、食パンのような柔らかいものを切る時は、包丁のみねに人さし指を添える。

調理台から、握りこぶしひとつぶんくらい。

足は肩幅くらいに開き、包丁を持つ手のほうの足を引いて斜めに立つ。

《手先の器用さ》の実態　第2部

17 缶切りを使えない

缶詰の多くはプルトップ式になりました。そのため、缶切りで開けられない子どもが増えています。「缶切りを使わない缶詰しか買わない」。ふだんはそうでも、缶詰を開けなければならない時は突然やってきます。あわてないためにコツを覚えさせましょう。

親指を立てずに、全ての指で握ってしまっている。これでは「押す・倒す」という動作ができない。

手の向きが逆。これでは左手で支えられず、力がはいらない。

「缶切り」と「栓抜き」の区別がつかない

「缶詰を開ける」という動作は、子どもにとって今や難しい動作のひとつになっています。理由は、ふつうの店の食品売り場に並んでいる缶詰のほとんどはプルトップ式（イージーオープンエンド）で、缶切りを使って缶を開けるタイプの缶詰は少なくなってきているからです。

そのため、「缶切り」という道具がどういうものなのか、区別さえつかないという子どもが多くなっています。しかし、特に輸入品の中には、缶切りで開けなければならない缶詰が、まだたくさんあります。今後も残っていくでしょう。したがって、子どもたちが缶切りの使い方が分からないまま成長すると、困ってしまうはずです。

私たちの研究会で、小学生を対象に「２分間で缶詰を開ける」という実技調査を行ったことがあります。その成績は、学年が上がるにつれてよくなっていました。しかし、６年生でも、３分の１の子どもたちは、開けることができませんでした。やはり、「缶切り」という道具そのものが分からない子どもが、少なくありませんでした。缶切りと栓抜きの区別すらつかない子どもがいたくらいです。

「手を使う機会」が減っていくと

缶詰を開けることができない子どもが増えている、ということの背景には、物的な環境の変化が大きく関わっているといえるでしょう。

各企業は研究を重ね、消費者にとって、少しでも使いやすい製品を提供しようとしています。それは、企業にとっては利益を上げるために必要なことであり、他社との競争でもあるのですが、使いやすく改良された製品を使用するということは、しばしば、私たちが「手を使う機会を減らされている」ことにつながります。

手を使うことは、手そのものの器用さを増すことはもちろんですが、実は、脳の発達をも、促しているのです。心理学では「器用な手や指を持っている子どもは、知能もよい」ともいわれています。これは、手と脳とが密接な関係にあることを表現したものです。
　ところが、多くの企業では、「より使いやすい製品」にしようとして、「手の力が要らないもの」に改良しています。私たちの身近には、そのように使いやすく改良された製品が、たくさんあります。プルトップ式の缶詰なども、その中のひとつです。

缶詰の端に、しっかり引っ掛けよう

　缶を開けるポイントは、缶切りを、まず缶詰の端にしっかり引っ掛けることです。そして、刃を缶詰の表面に当てながら、缶の内側に倒すように、また、向こう側に押すようにして、缶詰めを反時計回りに少しずつ回転させて、切り進めていきます。
　丸く切り終わったら、最後にふたとなる部分は、切り落とさずに少し残しておきます。要領さえ分かれば、就学前の子どもでも、十分にできる動作です。まわりの大人がモデルとなって見せてやるとともに、経験を積ませてやることが大事です。
　人類の進化の歴史をみても、ヒトはことばを獲得する前に、手を使用していたと考えられています。手を使うことで大脳が刺激され、その後でことばを獲得し、論理的知能が発達したと考えられているのです。著名な生態学者で、日本の霊長類研究に大きな足跡を残した今西錦司は、二足歩行、道具の使用、大脳の発達が、三重にもつれ合って、ヒトは進化してきたという意味のことをいっています。
　道具を器用に使うことができるのは、ヒトであることの証明ともいえるでしょう。

第 2 部 《手先の器用さ》の実態

正しい 缶切りの使い方

缶切りは種類がありますが、最も一般的な片方が栓抜きになっているものを図示しました。親指を立てて持たないと押し出す力がはいりません。押す、倒す、左手で回す、そのバランスを覚えさせましょう。

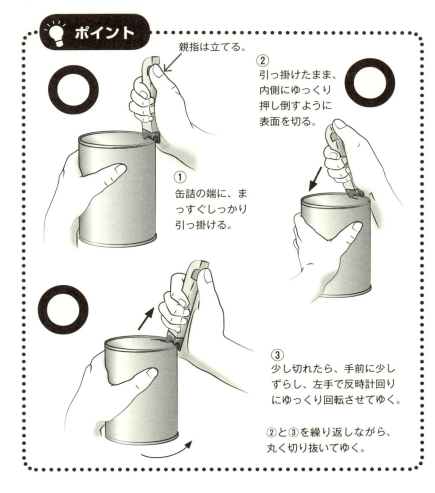

ポイント

親指は立てる。

① 缶詰の端に、まっすぐしっかり引っ掛ける。

② 引っ掛けたまま、内側にゆっくり押し倒すように表面を切る。

③ 少し切れたら、手前に少しずらし、左手で反時計回りにゆっくり回転させてゆく。

②と③を繰り返しながら、丸く切り抜いてゆく。

18 掃除（掃く・拭く）ができない

住居環境や生活様式の変化は、大人の「掃除」の意識も変えました。大人の意識は、子どもに反映します。しかし、最も基本となる「掃く」「拭く」が疎かのまま育ってもいいものでしょうか。自分自身で身の回りを清潔にする意識こそ大事です。

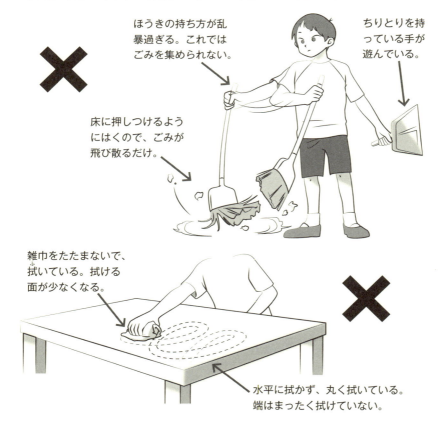

ほうきの持ち方が乱暴過ぎる。これではごみを集められない。

ちりとりを持っている手が遊んでいる。

床に押しつけるようにはくので、ごみが飛び散るだけ。

雑巾をたたまないで、拭いている。拭ける面が少なくなる。

水平に拭かず、丸く拭いている。端はまったく拭けていない。

ほうきを押しつける、バケツの周りは水びたし

　身のまわりを清潔にする、最も基本的な作業は、ほうきで掃いてごみを集め、雑巾がけをすることです。

　小学校では、１年生から掃除をしますが、担任の教師は、とても苦労をします。子どもがほうきを力いっぱいふり回し、ごみやほこりが舞ってしまうことは日常茶飯事です。

　「ごみを集める」という意識に欠け、ただ、床にほうきを押しつけて歩くというような子もいます。どこにごみを集めるのか指示しないと、いつまでもごみは集まりません。

　雑巾がけをして、前のめりになり、おでこやあごを打ったとか、歯をぶつけたというようなことも少なくありません。雑巾しぼりにいたっては、正しいしぼり方ができる子は、低学年では、１割程度です（→雑巾 36 ページ）。

　水に濡らした雑巾をぎゅっと丸めたり、横にしぼったりするため、バケツのまわりは、水浸しになります。

　こんな状況ですから、入学後初めて掃除をさせる時には、ほうきの柄の持ち方、掃く方向、ちりとりの使い方、雑巾がけのやり方などひとつひとつ教えていかなければなりません。学校によっては１年生が慣れるまで、６年生といっしょに掃除を行うこともあります。

掃除を「家庭のしつけ」とは思っていない

　なぜ、掃除がまともにできなくなっているのでしょうか。原因は２つ考えられます。１つは、住居環境や生活様式の変化です。一般家庭では、畳が減り、フローリングが増え、掃除機や化学雑巾などが普及しました。自動掃除機も出回る時代になりました。

日常の生活では、雑巾がけやほうきで掃く機会が、めっきり少なくなったのです。今や、ほうきそのものが無い、という家庭もあるようです。
　もう1つは、「雑巾しぼりやほうきの使い方は家庭のしつけ」という意識が、親の中から薄れてきたことです。現在、家庭で掃除の仕方を教わっている子どもは、どのくらいいるでしょうか。小学校入学時の実態を考えると、そう多くはないといえます。

 ## 掃除をする機会を増やす

　子どもにしっかりと掃除の仕方を教えるには、お手伝いを積極的にさせることです。"家族の仕事"の分担として役割を与えると、より効果的です。それには、まず、親がいっしょに掃除をやることです。できたら褒め、ねぎらうことも必要です。
　ほうきで掃く場所は、玄関や庭、ベランダ、家の周辺などがあります。また、地域行事として清掃活動がある場合は、積極的に子どもにも参加させましょう。
　昔から、部屋の中を掃く前には、茶がらや少し湿らせた新聞紙などをちぎってまく方法がありました。これは、湿ったものをまくことで、床に落ちているちりやほこりを舞い上がらせないようにするための、昔ながらの工夫です。そんな先人の知恵も、あわせて伝えていきたいものです。
　「しぼる」という動作は、いわゆる掃除だけに限らず、食事の時や入浴の時など、まだまだ機会がたくさんあります。テーブルや窓、床など、拭く機会を見つけては、水拭きをさせましょう。何を拭くかによっては、固くしぼる場合と、ゆるくしぼる場合があることも、さまざまな経験を重ねることで身につけさせましょう。

第 2 部 《手先の器用さ》の実態

正しい 掃除(掃く・拭く)のし方

掃くためのほうき、拭くための雑巾、つまり、道具の使い方を最初に教えましょう。ほうきは柄の長い場合と短い場合では違います。雑巾は同じところばかり使わず裏にして使うことも、覚えさせます。

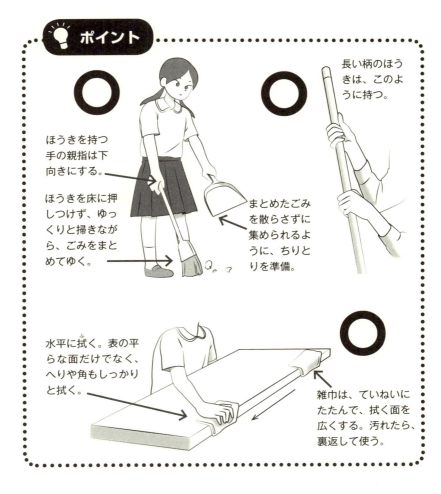

ポイント

長い柄のほうきは、このように持つ。

ほうきを持つ手の親指は下向きにする。

ほうきを床に押しつけず、ゆっくりと掃きながら、ごみをまとめてゆく。

まとめたごみを散らさずに集められるように、ちりとりを準備。

水平に拭く。表の平らな面だけでなく、へりや角もしっかりと拭く。

雑巾は、ていねいにたたんで、拭く面を広くする。汚れたら、裏返して使う。

19 安全ピンが使えない

衣服などに何かを一時的に留めることのできる安全ピンは便利な道具です。しかし、これがうまく留められない子どもも少なくありません。ちょっとした指の感覚、両方の手の使い方です。安全ピンの安全な留め方を、しっかり身につけさせましょう。

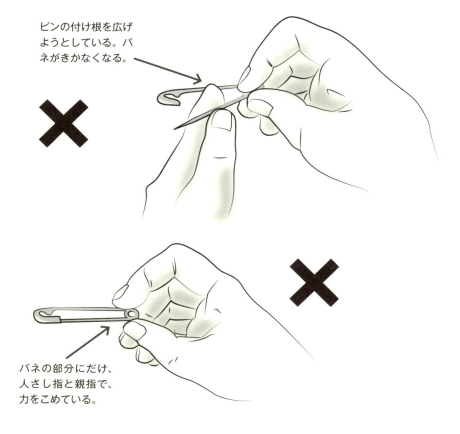

ピンの付け根を広げようとしている。バネがきかなくなる。

バネの部分にだけ、人さし指と親指で、力をこめている。

1年生は、まず胸でとめる

　入学式の日、１年生の胸に輝くのは、ひらがなで自分の名前が書いてある名札です。学校名が刺繍されている場合もあります。親子ともに、１年生になった喜びを感じる瞬間でしょう。

　その名札は、今も昔と変わらず安全ピンでとめます。初めての日は、受付で教師や６年生がとめてくれたりもします。

　ところが最近では、その６年生でも「どうやってつけるんだっけ？」と、とまどう子どもがいます。そんな具合ですから、１年生が、安全ピンをじょうずに付けられるようになるのはなかなか難しそうです。

　ある小学校では、登校したら教室で、名札を付けるように指導しています（登下校中は防犯のために、名札を付けなかったり、裏返しにしたりしています）。そうすると、１年生でも安全ピンを器用につけたり外したりできています。もちろん初めは、担任教師が時間がかかることを承知して、ていねいに指導していることでしょう。

　学校で友だちといっしょに活動することは、子どもたちのやる気を高める効果があるかもしれません。毎日の経験が、生活の技術を身につける最善の方法といえます。

しくみは単純、でも慎重に

　１年生も、入学式の次の日からは、毎日洋服を変えるたびごとに名札を付けたり、外したりしなければなりません。さて、誰が付けるべきなのでしょうか。

　安全ピンのしくみは、単純です。向き合う針金の部分に自分の親指と人さし指ではさんで、力を加えます。針金が細いので、力加減

によっては、くるんと滑って、指からずれてしまいます。
　そして、片方の留め口の方のすき間に、針の先端を滑らせながら差し込まなければなりません。胸元の名札だと、上から見下ろしてするのですから、子どもには、初めは本当に難しいのです。

 ## 指先に気持ちを集中させる

　安全ピンは、１度はめてしまえば、そう簡単には外れません。何かに当たったとか、引っ張られたとかしたぐらいでは、外れて針の先が飛び出すようなことはありません　まさに、"安全ピン"なのです。
　ところが、慣れないうちは、針先にちょっと指が当たって「痛い！」と思うこともあるでしょう。でも、それは大ケガではありませんね。指先に気持ちを集中して、力を加減し、目と指をいっしょに使って慎重に行えばよいことです。

 ## 大人が見守りながらやらせてみる

　幼稚園や保育所でも、安全ピンの名札を付けています。幼児期には、大人が付けてやるのが普通のことです。でも、１年生になったことを、ひとつの機会とするのはどうでしょうか。
　多くの子どもが、指先と目の、両方を同時に使えるようになっていますから、安全ピンのしくみをしっかりと見せて、使い方のコツを教えます。
　まずは、自分の手元で布に刺して、留め口に針先を収めることができるようにします。その後、胸に名札を付けることができれば、もう、どんな場合でも安全ピンを使えます。大人が見守りながら、やらせてみましょう。

第 2 部　《手先の器用さ》の実態

正しい 安全ピンの使い方

安全ピンはバネを利用していますから、左手で留め口を支えないと、針の部分が弾かれます。針と接する右親指の感覚は、慣れさせるしかありません。少し大きめの安全ピンで練習させるのもよいでしょう。

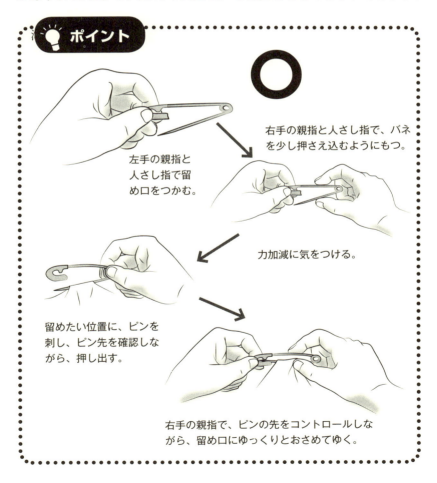

ポイント

- 左手の親指と人さし指で留め口をつかむ。
- 右手の親指と人さし指で、バネを少し押さえ込むようにもつ。
- 力加減に気をつける。
- 留めたい位置に、ピンを刺し、ピン先を確認しながら、押し出す。
- 右手の親指で、ピンの先をコントロールしながら、留め口にゆっくりとおさめてゆく。

《手先の器用さ》の実態　第2部

20 折り紙が折れない

「折り紙なんて生活に関係ない」。そうでしょうか。実は、きれいな「折鶴」1羽を折るには、指の細かい運動能力が必要で、その能力の訓練は、脳の働きを活性化するきっかけになるそうです。簡単にできる脳の訓練を疎かにするのは、もったいない話です。

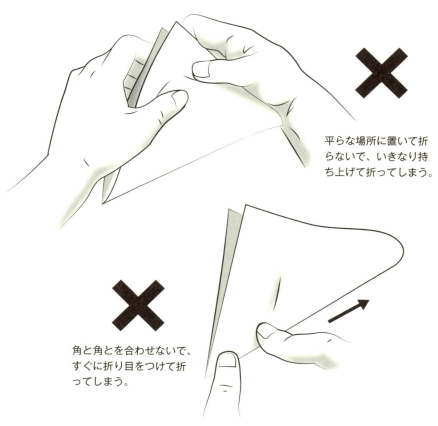

平らな場所に置いて折らないで、いきなり持ち上げて折ってしまう。

角と角とを合わせないで、すぐに折り目をつけて折ってしまう。

「伝統芸術」、しかし遊びの機会は減っている

　折り紙は、日本独特の文化です。外国人の目の前で折り鶴などを手早く作って見せると、びっくりされることがよくあります。1枚の紙から立体的で美しい形の花や動物などができてくるのは、外国人には不思議で、すばらしい「伝統芸術」と見えるようです。

　しかし、残念ながらこの「伝統」も次第に廃れつつあるようです。折り紙で遊ぶ子どもを、あまり見かけなくなったことからも推測されます。なぜ現代の子どもたちは、折り紙をしないのでしょうか。

　次のような原因が考えられます。「折り紙遊び」の機会が減少したことです。ゲーム機はもちろん、テレビですら家庭に普及していなかった50年ほど前は、子どもは外で遊ぶか、室内で折り紙などで遊ぶしかありませんでした。女の子は風船を折って何人かで楽しみました。男の子は小さい紙では物足りず、新聞紙で紙鉄砲を作って、大きな音を立てることに夢中になったりしていました。

 ## 指の動きと脳の働きは密接な関係

　現在の子どもたちは、そのような素朴な遊びよりも、もっと華やかで、面白いおもちゃ、ゲームなどを好みます。そのために、幼児から小学校の低学年の子どもたちは、幼稚園・保育所や学校で、折り紙を教わったり、たまに年長者や大人から教えてもらったりした時だけ、少し自慢げに友だちや親に見せることはあっても、日常的な遊びとして続くことは、ほとんどなくなりました。

　実は、折り紙を折るには、指の細かい運動能力が必要です。折り紙に慣れた大人はそれと気づかないかもしれませんが、角を細かく折り込んだり、端にきちんと折り目をつけたりするためには、指の

細かい能力、すなわち「巧緻性」が、求められます。逆に、折り紙を折ることで、手の巧緻性が高まるとも考えられます。使えば使うほど、能力は伸びるからです。

指の巧緻性は、生活のさまざまな場面で必要です。ひもを結ぶにしても、ボタンをとめるにしても、あるいは手芸や工作をするにしても、指がうまく動くことが大切です。

また、指の運動は脳の活動と密接に関連していることが、分かっています。指先の感覚は、脳のいちばん上あたりを左右の耳を結ぶように通っている溝（「中心溝」と呼ばれます）の、後ろの広い部分を占めています。また指を動かすのは、中心溝のすぐ前の広い部分が担当しています。

折り紙遊びは脳の発達に役立つ

それだけではなく、折り紙を折るような複雑な運動は、まず、脳の前方（「前頭葉」と呼ばれます）で組み立てられます。その動きが脳に監視され、中心溝の運動野を介して、正確な指の動きとして表れます。つまり、「指先を細かく動かす」ことは、指を担当する脳の部分だけに限らず、脳の広い部分を活性化するのです。

ということは、指を使った折り紙などの遊びは、手先の運動をつかさどる部分だけではなく、脳全体の発達を促すことを意味します。小さい頃から折り紙などをしている子どもの脳は、そうしない子どもよりも発達する可能性が高いともいえます。

つまり折り紙は、後世に伝えたい日本の伝統芸術であるのみならず、未来を担う子どもたちの脳の発達にも役立つということです。単に幼稚園・保育所・学校で経験する活動としてだけでなく、日常の遊びの中で、もっと取り上げ、活用してほしいと思います。

第 2 部 《手先の器用さ》の実態

正しい 折り紙の折り方

折りやすい大きさの紙で始めます。市販の折り紙セットは 15cm 四方が多いようです。練習には別の紙で折り、本番には子どもの好きな色で挑戦させるのもよいでしょう。ひと折ずつ確認させることが大切です。

ポイント

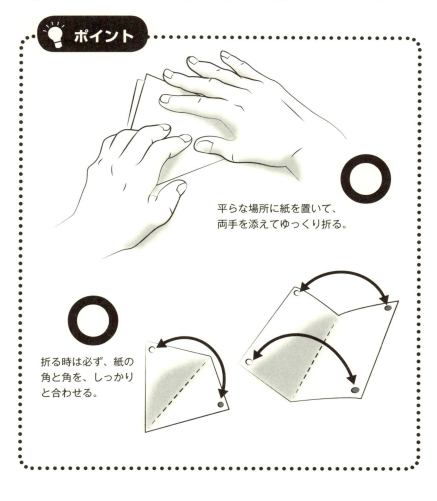

平らな場所に紙を置いて、両手を添えてゆっくり折る。

折る時は必ず、紙の角と角を、しっかりと合わせる。

96 《手先の器用さ》の実態　第2部

21 そのほかの不器用さ
傘の開閉ができない／定規を使えない
ネジを締められない／ページをめくれない
プルトップ缶を開けられない

ここまで紹介した以外にも、子どもたちの《不器用さ》の実例はたくさんあります。以前から使われている道具でもうまく使えない場合、同じ目的の便利な道具が普及したために使えない場合と、いろいろです。

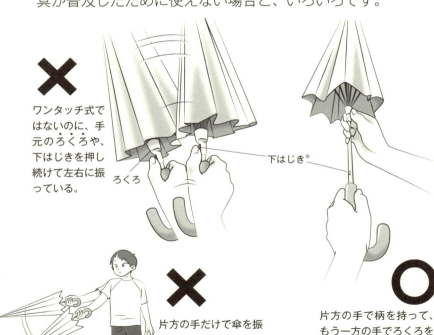

ワンタッチ式ではないのに、手元のろくろや、下はじきを押し続けて左右に振っている。

ろくろ

下はじき※

片方の手だけで傘を振り回して開こうとしている。ほかの人にぶつかって危ない。

片方の手で柄を持って、もう一方の手でろくろをつまんで、ゆっくりと持ち上げて開いてゆく。

※「下はじき」に対し、傘の柄の上部にあって、開ききった時にろくろを留める部分を「上はじき」という。

傘を開く・閉じる

　傘の操作には、開く動作と、閉じてまとめる動作とがあります。最近の多くの傘はワンタッチ式(ジャンプ式)になりました。開くのは簡単ですが、閉じてまとめるのには少し手間がかかります。ヒダをそろえバンドでとめるのは、子どもたちには苦手な動作のようです。

　折りたたみ式の傘になると、さらに複雑になり、多くの小学生は、じょうずにできないようです。

　両手で開くタイプの傘も、まだ使われています。子どもたちにこの傘を与え、じょうずに使えるかどうか調査したことがあります。開けない、閉じることができない子どもたちが、たくさんいました。手元(ハンドル)にある房のついたでっぱり(ろくろ)を指で押し続けながら、「この傘、壊れているよ」と言ってくる子どももいます。

　閉じる時も、上はじきを十分押し込んで、ブレーキを解除することができません。いろいろな傘を、使えるようにしたいものです。

定規を使う

　定規を使うとは、長さを測ったり、直線を引いたりすることです。いずれにせよ使う時は、定規の真上からしっかり見て使うことが大切です。定規で長さを測ることは簡単な動作ですが、定規を使ってきれいな直線を引く動作は、なかなか難しいものです。

　片方の手の指で定規をしっかり押さえ、もう一方の手で筆記用具を定規に押しつけ、直線を引く。これだけの動作ですが、押さえる指の感覚が悪いためか、定規が動いてしまい、直線が引けない子どももがいます。こうした子どもをたくさん見かけます。目と手と両手の「協応動作」が必要ですが、小学校3・4年生でも苦労しています。

さらに難しいのが、定規を使って工作用紙などを切り落とす動作です。押さえる力と、切り落とす力とのバランスが重要になります。5・6年生でも、なかなかきれいにできません。生活や学習の中で繰り返し使っていれば、少しずつじょうずになっていきます。

✋ ドライバーを使う

　ドライバーは、ネジを固定するための道具で、ネジの頭の部分の形状により、プラスドライバーとマイナスドライバーがあります。「ネジ回し」とも呼ばれます。ネジは日常生活のさまざまな所に使われています。工事や工作をしなくても、ネジが緩んだり抜けたりすると生活に不便が生じます。そこでドライバーが、必要になります。

　しかし、現代の子どもたちにとっては、なじみの薄い道具になってきています。使い方も分からず、プラスとマイナスのネジの区別もつきません。例えば、板の上にネジを少しだけ留めておき、そのねじをさらに深くするための道具を選択させると、ドライバーではなく、カナヅチを手にする子どもが、とても多くみられるのです。

　ドライバーの使用には、「押さえる」動作と同時に「ねじる」という動作が加わります。日常あまり行われない高度な手作業が要求されるのです。家庭でも、親子で工作をする、何かの修理をする、遊び道具を作るなどを通して、少しずつ使いこなしたいものです。

✋ ページをめくる

　大人は、本のページを親指の感覚を使って、何気なくめくっています。この動作は、親指の肌の微妙な感覚を使用するだけに、実は小さい子どもにはなかなか難しく、小学生高学年になってもかなり苦労する動作です。

第 2 部 《手先の器用さ》の実態

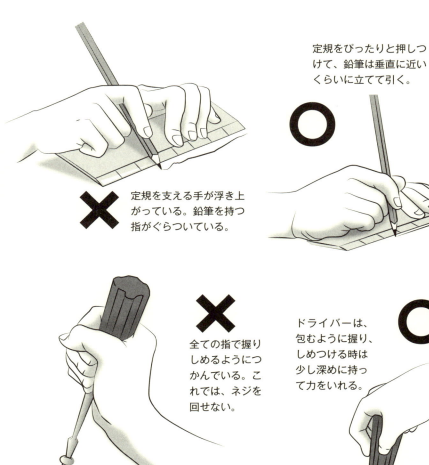

定規をぴったりと押しつけて、鉛筆は垂直に近いくらいに立てて引く。

定規を支える手が浮き上がっている。鉛筆を持つ指がぐらついている。

全ての指で握りしめるようにつかんでいる。これでは、ネジを回せない。

ドライバーは、包むように握り、しめつける時は少し深めに持って力をいれる。

もう一方の手を添えて、安定させる。

[左] ドライバーがまっすぐでない。
[右] ドライバーの大きさが、ネジの大きさに合っていない。

スムーズにページをめくり、あるいはページを送り、必要なところで止める。ある程度の厚さの本であれば、やりやすいのですが、辞書のような薄い紙になっていくと、必要なところで止めるのはなかなか難しいものです。

子どもが、1ページずつつまんで、しわくちゃにしながらめくっている姿を見かけます。ページめくりは、指先の器用さや感覚の鋭さなど、手の総合的な働きが求められる動作になります。

プルトップ缶を開ける

近年は、缶詰を缶切りで開けることがすっかり少なくなりました（→缶切り80ページ）。道具を使わずに簡単に開けられる「プルトップ式（イージーオープンエンド）」の缶詰の普及は、目覚ましいものがあります。日本は、その最たる国です。国産の缶詰で、プルトップ式でない缶詰を探しても、ほとんど見かけないのが現状ではないでしょうか。

これほどまでに普及したプルトップですが、実は出回りはじめた頃は、開けるためにかえって力が必要であったり、缶の端でケガをしたりなど、子どもたちにとっては難易度の高いものでした。近年はその点がいろいろと改良され、容易に安全に開けられるようになりました。

しかし、やはりコツが必要です。力まかせでは、たとえ開いても中身をこぼしてしまったり、指の先を痛めたりすることもあります。特に、大きめの缶のプルトップを開ける時は、注意が必要です。

何はともあれ、生活の中で積極的に「手を使う」、あるいは、「手を使わせる」ということが、《手指の器用さ》を磨き、感覚を磨いていくことになるといえます。

第 2 部 《手先の器用さ》の実態　101

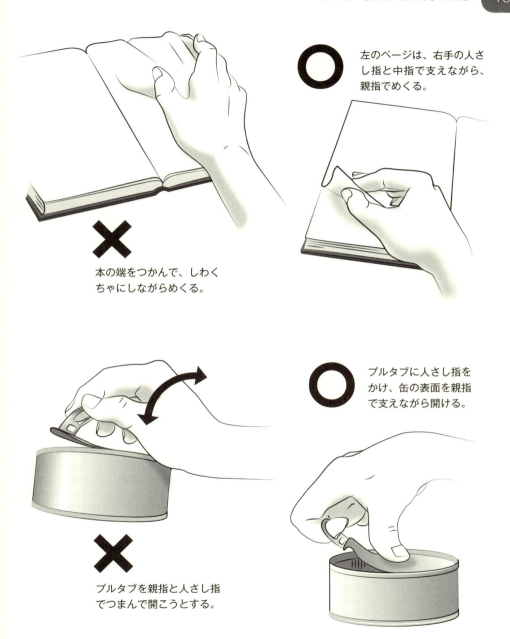

○ 左のページは、右手の人さし指と中指で支えながら、親指でめくる。

× 本の端をつかんで、しわくちゃにしながらめくる。

○ プルタブに人さし指をかけ、缶の表面を親指で支えながら開ける。

× プルタブを親指と人さし指でつまんで開こうとする。

第3部
《不器用さ》周辺の諸問題

22 手と脳

脳のためには、身体感覚、身体運動が発達する時期に、できるだけ「手と手」「手と足」をいっしょに動かし、1つの動作にまとめる「協調運動」をする体験が大切です。しかし、今の子どもたちの周辺からは、それがどんどん減ってきています。

 「器用・不器用」とはどういうことか

　現在の子どもは、ほんとうに不器用になったと言われます。「粗大運動」と呼ばれる、走る、跳ぶ、ボールを投げるなどの行動についての調査を見ても、時期や場所によって多少異なりますが、「現代の子どもは不器用になっている」とするものが多くなっています。

　また、道具を使う技術ついての私たちの調査でも、第2部で紹介したとおり、「箸を正しく持って使えない」「ひもがうまく結べない」といった子どもたちが、数多く見られます。このことは、手先の細かい運動も不器用になっている可能性を示しています。

　ところで、《器用・不器用》とは、どういうことでしょうか。

　食事の時に、左手でお椀を持ち、味噌汁を食べている時のことを、想像して下さい。左手はお椀を指で軽く支えながら、中の味噌汁がこぼれないように、お椀を水平に保たなければなりません。そのためには、左の腕と手と指が協調して動くことが必要です。

右手は箸を持っています。箸を落とさないためには、右手の３本の指が協調して箸を支え、動かさなければなりません。さらに、その箸で汁の具をはさむためには、３本の指に加えて、左手と右手が協調してお椀に箸を入れ、具をすくいながらはさむように箸を開閉しなければなりません。

　このように、普段の行動をよく見てみると分かるように、食事をする、というふだん何気なく行っている行動であっても、身体の多くの部分をうまく協調させて実行しているのです。

脳の働きが全体に不完全になっている

　脳の働きからこの点を見てみると、まず、自分の身体の各部分が現在どこにあるかを、常に確認する働きがあります。たとえば首の後ろがかゆい時に、手でその部分をかきますが、その手自体、本人には見えません。それにもかかわらず手がかゆいところに届くのは、「手が現在どこにあるか」についての感覚があるからです。

　この働き、つまり手や足の位置、皮膚の感覚などを感じること（「体性感覚（たいせい）」といいます）は、脳のいちばん上のところ（「中心溝（ちゅうしんこう）」と呼ばれる部分）の後ろのところにあります。ここが、常に身体の各部の位置、そこから入ってくる情報を監視しています。

　一方、中心溝の前の方では、人間の脳の働きの中心である頭の前のところ（「前頭連合野（ぜんとうれんごうや）」と呼ばれます）から来る命令に基づき、手、指、腕などそれぞれの部分の運動が組み立てられ、そこからの命令が手、足、指へ伝えられ、目的のために協調して動きます。

　また、大脳の後ろのところにある小脳も、こういった運動に深く関わっています。私たちが無意識に行っている行動、先に挙げたような食事の時の動作や、自転車に乗る時のような動作、獲得された

運動は、小脳が中心になって行われます。

　このような複雑な脳の働きが、全体として不完全になってきた、ということが「現代の子は不器用になった」と言われる現象の根底にあると考えられます。

今の遊びは手の緊密な連携を必要としない

　人間の脳の複雑な働きは、幼い頃からのさまざまな運動経験を通じて形成されます。ですから、身体感覚、身体運動が発達する時期に、できるだけ多くの「協調運動」（手と手、手と足をいっしょに動かし、一つの動作にまとめる運動）を必要とする体験が大切です。

　ある時代までの子どもは、折り紙やあやとりなどの遊び、竹とんぼなど簡単な工作で、さまざまな手先を使う遊びをしていました。また、屋外でも、けんけんや鬼ごっこ、ゴム跳びなど、全身を使う遊びをしていました。こうした遊びは、先に述べたような指の協調運動、手や足の協調運動です。言い換えれば、脳のさまざまな部分の協調的な働きを促進する上で、大変好ましい運動です。

　現代の子どもの遊びは、以前の子どもたちと大きく異なっています。コンピュータゲームに代表される現代の遊びは、ボタンを押す、押し続けるといった単調なものが多く、指や手の緊密な連携を必要としません。同様に、けんけんやゴム跳びなど、全身を使った遊びも、あまりしません。

　こういった「指先や手先の協調を必要とする遊び」が減少したことは、脳の中での協調的な活動、発達などに悪い影響が生じ、ひいては脳全体の発達にも悪い影響を与える可能性を示しています。

　「不器用っ子」が増えたという現象は、決して楽観できない危険性をはらんでいると言えるでしょう。

第3部 《不器用さ》周辺の諸問題

23 モデルになれない親・大人

子どもは、大人が教えようとしても学ばないことが多いものです。一方、大人が教えてもいないのにいつのまにか真似てしまいます。大人が間違った手さばきをしていれば、子どもはそれをいつの間にか身につけてしまうことを、大人は自覚しましょう。

 大人がいないところでも大人の真似をする

　子どもは、生まれた時からさまざまな学習をスタートします。親の声を聞き分けること、親の顔を見分けること、親の行動を観察することなどです。そして、次第に自分も、その真似を始めます。

　このような学習の中で、大きな部分を占めるのが、周囲の人々の行動を真似て新しい行動を身につける学習です。この学習はカナダ人の心理学者バンデューラによって詳しく研究され、「社会的学習」または「モデリングの理論」として知られるようになりました。

　バンデューラの研究では、子どもは何気なく見た大人の行動でさえ、真似をします。例えば、大人が人形に暴力をふるう場面をちらっと見せると、子どももその人形に同じような暴力をふるいます。その行動は、先に見た大人の行動とそっくりです。大人が人形を手に力をこめてなぐると、子どもも手に力をこめてなぐります。大人が人形を両手で放り投げると、子どもも人形を両手で放り投げます。

重要なのは、目の前にいる大人を真似するだけではなく、後で、「大人がいないところでも同じような手さばきで真似をする」ことです。

　モデリングの理論が明らかにしたことは、「真似をしなさい」と指示したり、うまく真似すると、ご褒美(ほうび)をあげたりしなくとも、子どもは、自発的に真似をするということでした。「社会的学習」とは、子どもが無意識的に行う学習なのです。

　このことは、子どもが成長していく中で、家庭内での親の行動、子どもが関わる周りの大人の行動が、子どもに大きな影響を与えることを意味します。子どもに「こうするのよ」と、親が左右の手を使って「手本」を見せて指導するのが、しつけとか家庭教育ということなのですが、それとは別な、子どもによる無意識的・自発的な学習、親や周囲の大人の行動から学んでいる行動や態度があるのです。

　「子は親の背中を見て育つ」ということばがありますが、子どもは、親の考え方、価値観、手さばきまで、親が教えようと意識しなかったことであっても、いつのまにか真似て育つわけです。

親がしていなければ子どももしない

　子どもに「自分の持ち物はきちんと手でたたんで整理しなさい」といい聞かせても、親自身がきちんと整理していない場合は、子どもも整理できるようにはなりません。

　"片づけられない症候群"ということばが、一時よくいわれたことがありましたが、これは、親自身が整理ベタになっている可能性を示します。そうであれば、子どもも整理がヘタになるわけです。

　また、「早く寝なさい」と子どもにいいつつ、自分自身が夜更かしする親も問題です。親自身の生活リズムが崩れていれば、子どもの生活リズムも崩れるのは、当たり前のことです。

同じようにテレビをつけっぱなしで見ていて、「テレビばかり見ていないで勉強しなさい」と命令する親も多くいます。これでは、子ども自身、好ましい生活習慣を形成することはできません。

まず大人が自分の「手さばき」を反省しないと

生活習慣以外だけではなく、「手を使った生活技術」が、正しく伝えられなくなっていることが何よりも問題です。例えば、箸の持ち方・使い方などを見るとよく分かります。子どもは、最初は箸がじょうずに使えません。箸を使って食事をすることは、簡単なことのように思われますが、実はかなり難しい技術なのです。

しかし、かつての日本人は年齢が上がるにつれて、次第にじょうずになっていき、高校を卒業する頃には大人の水準に近づきました。大人のしつけや行動の観察から身についていったものと思われます。

ところが現在、高校を卒業する段階で、どのくらいの子どもが箸を正しく持ち、使えるようになっているでしょうか。私たちの調査では、ほぼ半分の子どもしか、正しく持てません。正しく使える子はそれよりも少なく４割程度です。

それでは大人はどうかというと、正しく持てる人が６割くらい、正しく使える人は５割くらいしかいません。大人が間違っているのに、子どもが正しく持ち、使えるようになるわけはありません。子どもの「手を使った生活技術」が十分に習得されなくなっている裏に、それが身についていない大人の存在があることは明らかです。

子どもの生活習慣の乱れ、手を使った生活技術の衰え。これらが叫ばれるようになって久しくなりますが、その背景には、それらをきちんと守れない、あるいは、きちんと手さばきが身についていない親や大人、《モデルになれない親・大人》がいるわけです。

24 基本的生活習慣

食事の習慣や、衣服の着脱、身だしなみの習慣は、当たり前過ぎて、かえって見失われがちです。しかし、小さい子どもの頃にしっかり繰り返し教えこまないと、やがて、子どもたち自身が苦労することになります。その後の学校生活でも困ります。

 ## 多くは家庭の中でしつけられるもの

「基本的生活習慣」とは、その後の社会生活を円滑に過ごすために、幼児期のうちに必ず身につけておく必要のある5つの生活習慣のことです。すなわち、「食事」「睡眠」「排泄（はいせつ）」「清潔」「着脱衣」を指します。

これらの多くは家庭の中でしつけられる習慣で、家庭での生活が大きく影響するものです。どの習慣も、手指の器用な動きが伴っていなければ、きちんと習得することは難しいでしょう。

特に食事や清潔、着脱衣については、不器用だと困ることが多くあります。発達に伴って、身につけるのに適した時期に習慣を獲得することが大切なことです。

そのためには、周りの大人たち、特に親は、子どものやりたい気持ちを大切にしながら、根気よく、繰り返し教えてやることが必要です。

どんどん箸が使えなくなっている

　食事の習慣で大切なことは、茶碗や箸などの道具を正しく使って、1人で最後まで食事をすることができるようになることです。

　食事をするには、道具を使用できなければなりません。手指の動きが未熟な1歳頃は、スプーンや箸を握るようにして使いますが、周囲の大人の援助を受けて、徐々に細かい動きができるようになります。

　昭和10年代（1930年代頃）の子どもは、2歳半頃には大人のように箸を使えるようになっていました。しかし最近では、4〜5歳を過ぎても箸を使えない子どもが増えています。それどころか、小学生でも握り箸に近い子どももいます（→箸16ページ）。

　これは、周りの大人が「正しいモデル」になっていないことや、きちんと手を添えて教えていないことなどが原因と思われます。

　さらに、利き手で箸を持ち、もう片方で碗を持って食べる、という両手の「協応動作」ができない子どもも、多くいます。碗を持たないで食事をすると、食べる姿勢が悪く、こぼすことも多くなって汚い食事姿になってしまうこともあります。2歳頃から箸の練習を始め、3歳頃からは碗を持って食べるように心がけてほしいです。

 ## 手指が器用に動くためにも清潔さが必要

　日本人はきれい好きで、清潔の習慣を身につけることには熱心な人が多いようです。しかし、これも手指がきちんと動かなければ、清潔を保つことができない場合があります。例えば、手や顔をせっけんで洗う場合、指先が動かなければきれいには洗えません。

　また、手のひらに水をためることができなければ、顔をきれいに洗うこともできません（→顔を洗う64ページ）。

爪を切ったり、鼻をかんだり、髪をとかしたりする動作全てに、手指の動きが関係しています。清潔を保つためには、手指が器用に動くことが必要なのです。

着脱に簡単な服ばかり着せてはいけない

衣服の着脱には、手指を使う場面が多くあります。特にボタンやファスナーは子どもの衣類にもよく使われていますので、できるようにならないと1人で服を着替えることができません。

手指がよく動く子は、2歳頃から大きめのボタンのかけ外しができるようになり、3歳6ヵ月頃になると多くの子どもが前ボタンを自分でできるようになります。難しいボタンやひもがついていない服なら、3歳6ヵ月頃には1人で着替えが全て、できるようになります。着脱の習慣を身につけるには、簡単な服から徐々に練習し、短時間でできるようになるまで熟練することが必要です。

いつまでも、簡単な服ばかり着ていると、手指は細かい動きができるようにはなりません。シャツの袖ボタンなどは中学生でもうまくできない子がいます。手指は、動かさなければ動くようにはならないのです（→ボタン 52 ページ）。

学校生活にも影響を与える

基本的生活習慣は、生活の基盤になる習慣ですから、これができていないと、学校生活にも悪影響が出ます。手指の動きが悪く、着脱に時間がかかれば、体育の授業のたびに困ることになってしまうでしょうし、爪がきれいに切れず不衛生であれば、周囲の人からは嫌がられるかもしれません。幼児期にしっかり身につけることで、その後の学校生活で困ることが減り、良い影響を与えることになるのです。

第 3 部 《不器用さ》周辺の諸問題

25 遊び

幼児にとっては、生活そのものが遊びです。器用さは「遊びから育まれる」と言えるでしょう。身体の操作や頭脳の操作からも、器用さは育まれますが、特に手に関する器用さは、遊びの原点です。

 ## 外で見かけなくなった子どもたち

　住宅街や公園で、子どもたちが遊んでいる姿を、ほんとうに見なくなりました。たまに公園で見かけるのは、お年寄りと幼児のカップルです。そもそも、遊びが構成されるには「さんま（3つの間）」が必要といわれています。

　・空間（場所）
　・時間
　・仲間

　以上です。ところが、道路は危なく、公園は幼児向きで、小学生には遊ぶところがない。下校も遅く、いろいろ習い事もあって、遊ぶ時間がない。友だちは、それぞれ予定があり時間調整ができない。

　その結果、子どもたちの遊びは"超軽小化"され、スケジュールの合間に、室内で1人でコンピュータゲームなどの遊びにふけるケースが多くなっています。

遊びの効用はたくさんある

　幼児にとっては生活そのものが遊びです。遊びの中で身につけ成長していきます。年齢が上がっても遊びの中で身につけていくことは、たくさんあります。遊びの効用として次のようなものがあります。
- ・自主性が育つ──物事に意欲的に取り組めるようになる。
- ・知的側面が育つ──思考力・判断力・創造力が身につく。
- ・身体的側面が育つ──動き回ることで体力がつく。
- ・社会性が育つ──ルールを守ったりトラブル処理がじょうずになる。
- ・パーソナリティーが育つ──忍耐力や協調性が育つ。
- ・道徳性が育つ──責任感が育つ。善悪の度合いをつかめる。
- ・情緒が安定する──思いやりや優しい気持ちが育つ。
- ・生活技術が身につく──道具を使うことにより器用さが身につく。

 ## 遊びこそ「器用さ」の根源

　何よりも器用さは「遊びから育まれる」といっても過言ではないでしょう。身体の操作や頭脳の操作からも、器用さは育まれますが、特に手に関する器用さは、遊びの原点です。
　おはじき、お手玉、あやとり、折り紙などは、指先を繊細に使う遊びです。指相撲や腕相撲は力強さです。ナイフ、ひも、棒、石、植物を切ったり、叩いたり、振り回したり操作する動き。物を投げる、つかむ、握る、はさむ、ひねる。また、ひもを編んだり、結んだり、ほどいたり……。コマにひもを巻いて回す技術も、高度です。泥をこねる、かき混ぜる、ちぎる、団子にするのも、器用さです。魚釣り、トンボとり、虫取りなどの微妙な動きも、器用さです。
　楽しい「遊び」を通して子どもたちの器用さを育みたいものです。

26 直接体験

子どもには、身体を使う遊びのような生活体験、すなわち「直接体験」を十分にさせてやることが重要です。テレビ視聴など「間接体験」はあくまでも補足。日常の小さな体験でも、幼児期から積み重ねることで、成長によい影響をもたらします。

「直接体験」が子どもを成長させる

　不器用さの周辺の問題として、現代の子どもたちは、生活体験が不足しているといえます。

　本来、人間は、体験を通して成長すると考えられています。

　その体験には、２通りがあります。遊びや仕事といった「直接体験」（生活体験・現実体験）と、勉強や読書、テレビ視聴といった「間接体験」（代理体験）です。なかでも子どもに最も必要で、かつ重要な体験は、直接体験です。しかも、「十分に体験させる」ことが肝要です。

　ただし、限られた時間に多くの情報や知識を得ることはできません。そこで、それを補う意味での間接体験が必要なのです。

　ところが、現代の子どもたちの１日の生活時間は、多くの調査結果が示す通り、直接体験が少なく、ほとんどが間接体験によって占められています。中でも、テレビ視聴の長さは、大きな問題があります。

テレビ視聴時間が授業時間数より長い

　文部科学省と国立教育政策研究所による「全国学力・学習状況調査報告書」(平成27年度)を見てみますと、次のような回答が出ています(調査対象は小学6年生と中学3年生)。

　「普段(月曜日から金曜日)、1日当たりどれくらいの時間、テレビやビデオ・DVDを見たり聞いたりしますか」※

という質問に対し、小学6年生の約6割が2時間以上と答えています。驚いたことは、4時間以上と答えている子が2割近くいることです。中学3年生も、大体同じような回答です。

　また、「普段(月曜日から金曜日)、1日当たりどれくらいの時間、テレビゲーム(コンピュータゲーム、携帯式のゲーム、携帯電話やスマートフォンを使ったゲームを含みます)をしますか」

という質問には、1時間以上という答えが、小学6年生で約半数、中学3年生では約6割に達しました。そのうち、小・中学生ともに2時間以上が約3割、4時間以上が1割です。携帯電話やスマートフォンなどの普及で、今後さらに、1日の中でのゲーム時間の割合が高くなることが予想されます。

　以上の結果が示す通り、学校から帰宅後、寝るまでの子どもたちの生活時間は、テレビの視聴やゲームに費やす時間に大きく占めているといえます。テレビ視聴時間が長いという問題は、学校の総授業時数と比較すると、いっそう明確になります。

　先の調査結果から、1年間のテレビ視聴時間は、1000時間を超えることになります。現在、学校教育法施行規則で定められた小学校6年生の1年間の総授業時数は、980時数です(ただし1単位時間は45分)。したがって、子どものテレビ視聴やゲーム時間は、学校

※「勉強のためのテレビやビデオ・DVDを見る時間、テレビゲームをする時間」は除く。

の総授業時数を、大きく上回ることになります。本来、子どもたちが手足など体を使って遊ぶべき時間が、テレビ視聴やテレビゲームに支配されているといえます。それに、塾も加わります。

最近、子どもたちを公園で見かけても、体を使った遊びよりも、数人で集まって個々に携帯式ゲームに夢中になっている姿を、よく見るようになりました。これでは、ますます「直接体験」の不足が加速してしまうでしょう。

脳を働かせ鍛えるためにも「直接体験」を

先にも述べたように、子どもにはまず、身体を使う遊びのような生活体験、すなわち「直接体験」を十分にさせることが重要といえます。日常の小さな体験であっても、幼児期から積み重ねることで、発達や成長によい影響をもたらすと考えられるからです。

生活体験や生活技術には、手の働きが不可欠です。手を使うことは、手の器用さを増すだけでなく、脳の発達を促すといわれています。脳を働かせ、鍛えるうえでも、手を使うさまざまな「直接体験」を大いにさせたいものです。

一般に、遊び以外の生活体験は、家庭での手伝いのような、子どもにとって、必ずしも楽しいものばかりではありません。しかし、機会をとらえて、継続して行わせることが「仕事をやり通す」貴重な体験となり、人間形成や生き方に、必ずよい影響を与えることでしょう。

生活体験を通して得た技術や知識は、やがて、応用力や工夫力を培い、生活を豊かにすることにもつながります。

27 仕事・手伝い・家事

子どもに家庭で「お手伝い」させることは大切です。しかし、労働力としてではなく子どもの成長のために「手を使わせる」ということを、忘れないようにしてください。家事をこなすには手も頭も時間も使います。大人がまず、手本を見せましょう。

 子どもは「家の手伝い」をしているか？

　幼児期の子どもは、自分の周囲の事象に、何でも興味関心を持って生きています。「子どもだから、大人から守ってもらい、してもらうだけでよいか」というと、そうとはいえません。

　なぜなら、成長してから急に、生活に関する全てのことができるようになるわけではないからです。そのため、幼少期から徐々に、家庭生活の中で子どものその時の年齢に見合った仕事、つまり子どもにとっては「自分の手指」を使った「お手伝いをさせること」が将来の自立につながっていきます。

　私たちが実施した、幼稚園・保育所に在籍している幼児を調査対象にした「幼児の生活習慣に関する調査研究報告書」（2015年10月）では、「お手伝い」に関する調査項目が2項目あります。

　1つは「決まったお手伝いがありますか」。

　もう1つは「頼んだお手伝いをしますか」です。

前者では、どの年齢でも「決まったお手伝い」があるという回答は3割で、6割の子どもには決まったお手伝いが「ない」と分かりました。

後者では、「頼んだお手伝い」を「いつもする」のは年齢により多少異なりますが、全体的に3〜4割がしています。「だいたいする」を合わせると、8〜9割の子どもがしていることになります。

これらの調査結果からみると、「決まったお手伝いがある」という子どもは、あまり多くはありません。しかし、「頼んだお手伝いをする」子どもの割合は高く、大多数の子どもは、大人から頼まれると喜んで手伝うという実態が、うかがえます。

「お手伝い」と「使役」の違いをしっかり心得る

子どもにお手伝いをさせる時は、それが仕事として、子どもの年齢に合った内容かどうかを考えて頼むことが重要です。

本来は大人がすべき仕事を、無理に押しつけるような行為は避けたほうがよいでしょう。例えば、「手を使う」といっても、重い荷物を子どもにだけ強制的に持たせて、大人が楽をするのは感心しません。これでは「子どもを使役している」だけになります。子どもは、体力的にも精神的にも未熟であることを忘れないでください。

このような行為がたびたびあると、子どもは不平等感を持ち、「大人はズルをしている」と感じます。また「手伝うことは当然である」と考える保護者は、子どもに何も言わなかったり、子どもが思ったように仕事をしてくれないと、礼を言わない場合があります。

また、お手伝いに対して、金品を与えるのは好ましくありません。お金や物を与えないと動かない子どもになり、自己の利益のみを考えて行動する人になる可能性があります。

大人が「手仕事」の見本を見せる

　子どもの「お手伝い」は、文字通り手や足を、子どものために使わせることに意味があります。契約でも報酬のためでもないのです。また子どもには、家庭内の仕事を子どもなりの分量で分担していくことで、円滑な生活が送れるのだということを伝えるようにします。

　まずは大人が、自分の手で、見本を見せましょう。家事は全て手を使い、頭を使うということを教えましょう。掃除や自宅前の清掃、食器洗い、調理の手助け、食事の準備・後片づけなど、ふだんの家事で、子どもが「手伝える」仕事は、全て「手」を使い、どれだけ工夫して進めるかということです。

　大人はまた、こうした毎日行わなければならないことを、あまり文句を言わず、こなしていくことです。子どもには、こうした家事の「手仕事」が、日常を快適に過ごすために必要であることを説明し、気持ちよく行えるよう気を配ります。

 ## 「命令」ではなく「お願い」で

　そして、お手伝いを頼む時は「命令」ではなく「お願い」するように話し、無理のない範囲で手伝ってもらうことが望ましいです。

　仕事が終わった時は必ず、子どもから報告するように約束をし、「ありがとう」の感謝のことばで返します。大人の方も助かっていることをつけ加え、お互いに気持ちよく過ごせるようにしましょう。

　子どもにとって、「自分の手」でしたお手伝いが「感謝された」という経験は、次に自ら進んで行うことにつながります。誰かの役に立っていることを伝えることで、自分の存在価値を確認でき、さらに自己肯定感が高まることにもつながります。

28 安全教育

危険から逃げる、避けることによって安全を確保しようとするのが「消極的安全教育」です。一方、危険にも果敢に挑戦し、克服し、それを日常的なものに変えるのが「積極的安全教育」です。子どもの将来にとってどちらが重要かは、明らかです。

 ## 「積極的安全教育」のすすめ

　安全教育とは一般に、事故や災害を防止する教育と、事故発生に際して被害を最少限度にくいとめることのできる能力と態度を育成するための教育活動をいいます。

　わが国において、安全教育の必要性が唱えられ出したのは、1950年代に入ってからです。ちょうどその頃から、自動車産業の急激な発達がみられ、道路整備が追いつかず、交通事故が増加したことと密接な関係があります。

　子どもの生活技術を向上させることは、生活に奥行きと自信をもたらすことになるし、あわせて、安全面からみても望ましいといえます。しかしながら、生活技術を向上させるためには、多少の危険が伴うことが少なくありません。したがって、それを恐れていては、生活技術の向上は望めません。ところが、「危険から逃れることが安全の全てである」かのような考え方が蔓延しているのが現状です。

安全教育に関する考え方は、大別して2通りあります。

危険から逃げる、あるいは避けることによって安全を確保しようとする「消極的安全教育」（逃げの安全教育）と、危険にも果敢に挑戦し、克服し、それを日常的なものに変えるという「積極的安全教育」とです。

当然のことながら、安全教育の究極的目的は、積極的安全教育を通して、その人間に、安全能力を身につけさせることにあります。

「消極的安全教育」の蔓延

そこで、刃物を例に、考えてみましょう。

現代の子どもたちは、ナイフに限らず、ノコギリ、ハサミといった刃物は、使えなくなってしまいました。その現状たるや、想像を絶するものがあります。

ナイフが、子どもの世界から姿を消したのは、1960年代頃からと言われています。60年安保闘争をはじめ、ハガチー事件※（1960年6月）など、血なまぐさい事件が多発した時代でもありました。

中でも、浅沼稲次郎日本社会党委員長が、未成年の山口二矢に刺殺された事件（1960年10月）などが引き金になり、警察庁が全国の学校教育機関に対して、子どもにナイフを持たせないように指導したというのです。要するに、ナイフは危険だから持たせないで、学校は鉛筆削り器を設置せよ、というわけです。また、それに迎合した市民運動も起きたといいます。

いいかえれば、大人が子どもからナイフを取り上げることによって、安全を確保しようとしたのです。「消極的安全教育」の徹底を図ったのです。その結果、警察庁が期待したようになったでしょうか。答えは否です。

※アイゼンハワー米国大統領の秘書ハガチーが羽田空港で安保反対を唱えるデモ隊に囲まれ、在日米軍のヘリコプターで脱出した事件。アイゼンハウアー来日中止のきっかけとなった。

第 3 部　《不器用さ》周辺の諸問題

　ナイフや、そのほかの刃物を使った子どもの事件は後を絶たない
どころか、一向になくなる気配さえもありません。刃物を正しく使っ
たことがないから、刃物が持っている利点も、恐ろしさも、分から
ないのです。
　長い間、「肥後守」（→ 25 ページ）で鉛筆を削る調査をしてきたので
すが、最近は大学生でも、これを「ひごのかみ」と読める人は極め
て少ないし、どういうものかも分かりません。
　小学生の 3 分の 1 は、「肥後守」のどこに刃があるのかさえ分か
らない始末ですから、調査の際には、かなり神経を使います。

小さなケガは子どもの勲章

　刃物などの道具は、「危ないから」と大人が逃げて、子どもに使
わせずにいれば、いつまで経っても安全に扱うことはできません。
その子どもにとっては、「いつまでも危険」なままです。
　危険を避けようとするより、危険を克服することの方が、いつも
実りの多いことを、思い起こしてほしいものです。
　刃物の危険性は、ケガと痛みとの関係で、理解させる必要があり
ます。ケガをさせてはいけないと、いつまでも使わせないでいるの
は、過保護以外のなにものでもありません。
　子どもが、刃物を、正しく自由に使えるようになることは、それ
以後の生活において、手を創造的に使う基礎になるということを、
忘れてはなりません。ですから、大人は子どもの小さなケガを恐れ
てはならないし、それは、子どもがまともに育っている証であるし、
勲章なのです。
　ここでも大切なのは、「積極的安全教育」です。

29 生活科

学習指導要領には「家庭生活を支えている家族のことや自分でできることなどについて考え、自分の役割を積極的に果たすとともに、規則正しく健康に気を付けて生活することができるようにする」とあります。基本を学ばせるのは、やはり家庭です。

 準備の段階で手間取ってしまう子どもたち

　ある小学校の1年生の教室です。今日の「生活科」は、「たのしいきゅうしょく」のために、いろいろな準備の仕方を学習しています。
　まず、配膳台や机の上を台拭きで拭きます。1人の子どもが台拭きをバケツから取り出しましたが、しぼり切れず、水が垂れています。「かたくしぼりますよ」と声をかけても意味が分からず、ぽかんとしています。雑巾をしぼっていても、ヨコしぼりやお団子しぼりになって、水切りにむらがあります。台を拭いても、すみずみまで拭くことができない子どもが目につきます（→雑巾36ページ、掃除→84ページ）。
　次に、食器にしゃもじやお玉を使ってよそうのですが、ご飯粒がついたしゃもじを強く振ってご飯粒を飛ばしたり、お玉にすくう量が多すぎたり、少なすぎたりしています。
　最後に、給食当番は白衣を片づけます。でも、袖を裏返しに脱いだり、ボタンを外さずに頭から裏返しに脱いだりと、いろいろです。

「生活科」では、町の公園に探検に行く学習もあります。持ち物を担任から聞き、探検バッグに必要なものを入れていきます。

しかし、地図をきちんと折って差し込むことができず、ぐしゃぐしゃにしてしまう子がいます。色鉛筆1本・鉛筆2本・消しゴム1個、それだけをバッグに入れるのに手間どっている子がいます。持ち物を全員が準備するのにも、ずいぶんと時間がかかっています。

また、2年生の「生活科」では自分での考えたおもちゃを作って、幼稚園児や1年生といっしょに遊ぶ学習もあります。厚紙を切り取ってバッジを作り、キャラクターの絵を描きます（→ハサミ56ページ）。ところが、丸く切り取ることができず、困り顔の子がいます。片方の手で紙を押さえ、片方の手で鉛筆を丸く動かすこともできません。

また、リボンの飾りをつけておしゃれな箱を作りたいのに、花結びができず、教師に頼みに来ます（→花結び48ページ）。なんでもセロハンテープでくっつけてしまい、思いが空回りすることもあります。

「できないこと」か「やらせていないこと」か

いま、ここに挙げたようなことは、小学校低学年には難しすぎてできないことなのでしょうか。

給食に関する内容は、家庭生活での「手伝い」に当たります。1年生の生活科には「家のしごとをしよう」という学習があります。以前は、家庭で子どもに任せている手伝いがあるかという問いには、「ある」が「ない」より多かったのですが、最近は「ない」が増えているようです。

以前、お手伝いとしては、ふろ掃除、玄関掃除、洗濯物たたみ、配膳、食器洗いが、多く聞かれました。ところが今は、台拭きでテーブルを拭かなくても、使い捨てのペーパーや便利な消毒用のスプレーがある時代です。「子どもに生活の技を身につけさせていくことが大事」

と大人が認識しなければ、子どもは、いつまでもできないままです。

また、丸い型どりは、バッジそのものが目的ではありません。右と左の手でハサミなど道具を使いこなし、1つのことをする一例です。

そのほか、給食の白衣など着たもの脱いでたたむことや、移動の前に自分の持ち物を整理整頓しながら活用することなどは、学校でも必須のことです。

しかし、その前提として、家庭で幼児期から、身近にある道具や材料を使わせ、遊びや生活の中でいろいろと「自分の手」で試すこと、繰り返すことを、子どもにやらせているでしょうか。

子どもは、豊かな直接体験があればあるほど、自分に自信を持ち、新しいことに意欲を持つようになります。そんな直接体験の差が、1年生の生活科に表れています。

 ## やって見せよう、あきらめずに続けよう

では、どのようにその機会をとらえると、よいのでしょうか。

それは、子どもが「やりたい」といった時です。大人が、自分の手でやって見せることが大事です。例えば、タオルをしっかりしぼることや、花結びなどは、子どもの後ろに回って、手を添えてコツを教えます。何事もそうですが、子どもは、一度やってみたからといって、すぐにできるようになるわけではありません。興味が続くうちに何度も続けてみましょう。大人もあきらめないことです。

環境を整えることも必要です。身の回りに道具や材料を取り置いておく"物の環境"だけではなく、家族で取り組んだり褒めたりする"人の環境"も、子どもの体験を広げていきます。生活科の学習は子どもの様子を見て育てていきますが、子どもは子どもなりに、家庭や社会の中で、自分で実践する直接体験をもとに育つのです。

第3部 《不器用さ》周辺の諸問題

30 不便の効用

大きな自然災害に遭って初めて、私たちはふだんどれほど便利な生活に慣れてしまっているか、気づきます。機会をみつけて、自分の「手」だけを頼りに生活する工夫をしましょう。できたら、家族いっしょに、励まし合いながら準備しましょう。

 ## 「自分の手」で作りあげていく「楽しさ」を忘れた時代

　現代の日本社会は、便利なモノがあふれています。
　技術革新の発展によって交通機関は整備されて、特に都会などでは自家用車がなくても、鉄道・バスなどの公共交通手段を使えば、どこにでも行けます。
　食品もバラエティに富み、簡単にいつでも惣菜(そうざい)を買うことができるようになりました。食事を作る時間がない時や作りたくない時には、外食産業が展開する飲食店に行くことができます。高価なレストランから家族で気軽に行ける安価なファミリーレストランまで、消費者のニーズに合わせ、さまざまに選ぶことができます。
　また、家庭でも、簡単に調理できる冷凍食品やレトルト食品が普及し、電子レンジで温めるだけで食べられます。包丁を使って細かく材料を刻むなどの作業も、フードプロセッサーを使うことで簡単にでき、ミンチや粉状にするのも楽になりました。

このように、昔から使ってきた調理器具や材料を使わなくても料理ができるようになった反面、包丁などを使いこなし、「自分の手」で作りあげていく「楽しさ」を忘れていくことにもなっています。
　家庭科の時間に「家には包丁がないので全く触ったことがない」という子どもが出てきても、不思議ではありません（→包丁 76 ページ）。

生活機能が失われた時の心構え

　2011年（平成 23 年） 3 月 11 日に起きた東日本大震災で、私たちの便利な生活が一変しました。建物や道路などが地震で壊され、津波が来た地域では、一瞬にして生活そのものが持ち去られました。

　年月を経ても深い悲しみは消えず、自然への畏怖を感じ続けずにはいられません。一方、被害に遭った人たちへの支援は、国や地方自治体、民間団体、ボランティアなど、さまざまな団体や個人の手でなされました。人の優しさや温かさがうれしく、身にしみます。

　そして、直接の被害に遭わなかった人も、ふだん便利なものに囲まれ、それが当たり前として暮らしていることを気づかされました。災害が起き、ライフラインが断たれて初めて、その便利さに慣れていることを思い知ります。「自分の手」の貴重さにも思い至ります。

　災害に遭った時、生活に必要な食糧や衣料品などは支給されますが、避難所の生活は大勢の人々といっしょにいるため、プライバシーの確保が問題となります。また、いつ帰宅できるのか、平常の生活に戻れるのか、不安を抱えたまま生きていくことになります。

　電気やガスがなければ、家庭では照明を灯すこともできないし、洗濯機も炊飯器も、冷蔵庫も使えず、お風呂にも入ることができません。商店や飲食店などでは、商売を続けることさえできなくなります。

第 3 部　《不器用さ》周辺の諸問題　129

　そうなった時に基本的な生活技術が使えないと、毎日を過ごすことは厳しくなります。洗濯機の代わりに「手」で洗ってしぼって干すこと、冷凍食品ではなく生鮮食料品を扱うには包丁を使い、炭やマキで調理するなど、ふだん便利な生活に慣れている人たちには、この上なく不便だと感じるでしょう。すべて「手」が大事なのです。

　火が使えず、缶詰が非常食として重宝しますが、プルトップタイプばかりとは限りません。大人でも缶切りを使ってじょうずに開けることができないなど、生活技術力の低下があらわになります。

不便を乗り越える「手作業」の準備をふだんから

　もし仮に無人島に漂流して着いたとしたら、あなたは一人で生き抜くことができるでしょうか？　魚や鳥を捕獲しさばいて食材にし、火を起こし焼く、という至ってシンプルな調理や、雨水をためて飲み水を確保し、木材や葉を使って寝るための小屋を建てるなど、生きるために最低限必要な生活を確保することができるでしょうか？

　このようなことは、ふつうの現代人には難しい課題です。

　サバイバル生活の挑戦ということでなく、やはり災害時に備え、便利な機器に頼らず、ある程度、自分の「手」で生活できるように準備をしていく必要があると考えます。不便と感じても、実はあふれたモノに囲まれて生活しているため、不必要なモノまで抱えていることもあります。何が本当に必要なのか、見直す機会でもあります。

　今の若者は「内向き志向」といわれています。しかし、アウトドア活動を少し体験すれば、最小限の水をどう使うか、簡単な調理器具をどう使うか、火はどう起こすか、ライター・マッチがあればどうムダなく使うか、簡易トイレをどう組み立るか……など「手作業」の役割をある程度は学べるし、いざという時に役に立つはずです。

31 感覚

ネバネバ・ツルツル・ざらざら。その微妙な感触を確かめながら遊び、操作することが大切です。なでる・さする・もむ。これはまさに「感覚器としての"手さばき"」です。「運動器」であると同時に「感覚器」でもある子どもの手を、育てましょう。

 手が触っているのは「見えるもの」だけではない

　手は、物をつかんだり、道具を使ったり、物を投げたり、あるいは捕えたり……その際の「器用さ」に象徴される「運動器」の部分が、どうしてもクローズアップされます。しかし、手はそれ自体が立派な「感覚器」でもあります。

　手で触ってみて、熱い・冷たい、硬い・柔らかい、ざらざら・つるつる、ネバネバ・サラサラ、デコボコ・平ら、鋭い・鈍い。

　さらに、手でかざしてみて、温かい・冷たい、風がある・風がない、また風の方向などを、「見えないもの」まで、キャッチすることができます。

　さらに高度になっていくと、医師の「触診(しょくしん)」に代表されるように、健康状態を見極める、医学上の重要な診断方法にもなります。

　手で触って確かめる動作は、ごく日常的な手の働きであると同時に、私たちの生命活動を支えているのです。

操作性と感覚性は相互関係にある

　こうした手の「運動性」と「感覚性」は、分離しているものではなく、相互に関連し合っています。例えば、野球のボールを投げる時。ボールがざらざらしているのかツルツルしているのか、柔らかいのか硬いのか、また、軽いのか重たいのかによって、ボールの握り方、力の入れ方、投げる角度のつけ方、手首の返し具合と違ってきます。

　この微妙な運動性は、微妙な感覚をキャッチしてこそ生きてくるもので、まさに、器用さの象徴です。

　ひもを結ぶ動作は、指先の器用さと感覚が結びついてこそ、巧みな指の動きになり、美しい結び目をつくり出します。ハサミやナイフなど、ほかの道具を使うことも同様です。

「感覚器としての手」も鈍くなっている

　したがって、現在、手の器用さが失われてきているということは、感覚器としての手の機能も、失われてきていることになります。

　熱さの加減が分からず、やけどをしてしまう子。硬さ・柔らかさが分からず、卵を握りつぶしてしまう子。そのほかに、さまざまなモノの「つるつる・ざらざら」に対して、鈍い、分かりづらい子が続々と出現してきていることも、当然の結果かもしれません。

　日常生活の中で手を使う「直接体験」が、「感覚器」としての手の機能を伸ばしてくれることは、当然のことです。自分のことは自分でやる、同時にお手伝いをする。また、ことばだけで終わらせず、体を動かす。1人だけでやらず、対人関係を伴う「直接体験」をする。

　そういう体験を重ねる中で、子どもたちの「感覚器としての手」も、鍛えられていくのです。大人の役割は、きわめて重要です。

〔資料〕 小学校教科書に掲載されている道具類

参考：文部科学省検定教科書『小学校　図画工作』1・2年、3・4年、5・6年（開隆堂出版）
『小学校家庭科・新しい家庭』5・6年（東京書籍）　＊

種類	道具名	学年	記載内容
はさみ	はさみ	1・2図工	持ち方と切り方・右効き用、左利き用のちがい・安全上のマナー
	糸切りばさみ	1・2図工	糸などを切る
		5・6家庭	糸を切るときに使う
	裁ちばさみ	1・2図工	布を切る
		5・6家庭	布を裁つときに使う・刃が痛むので布以外の物は切らない
	万能ばさみ	1・2図工	紙・布・ジュースの缶・針金・プラスチックなどを切る
カッターナイフ	小型カッターナイフ	1・2図工	薄い紙や画用紙などを切る・使い方・安全上のマナー
	大型カッターナイフ	1・2図工	厚紙などを切る
	デザインナイフ	1・2図工	細かいところを切る
かなづち	げんのう（玄翁）	3・4図工	丸い面と平らな面の使い方・安全上のマナー
	かなづち	3・4図工	釘を抜くところがついている
ドライバー	プラスドライバー	5・6図工	ねじをしめたり、ゆるめたりする
くぎぬき	くぎぬき、バール	3・4図工	釘の抜き方
ペンチ	ペンチ	3・4図工	釘を抜く
	ペンチ	5・6図工	針金を切る・曲げる
	ラジオペンチ	3・4図工	指を打たないようラジオペンチで釘を押さえながら打つ
のこぎり	両刃のこぎり	3・4図工	持ち方と切り方、縦引き刃・横引きの刃のちがい
	（手引き）糸のこぎり	3・4図工	曲線などを切り抜く
	電動糸のこぎり	5・6図工	使い方、刃の取り付け方
小刀	小刀	3・4図工	持ち方と使い方
きり	四つ目きり	3・4図工	釘が折れないようキリで浅くあけた穴にさしこむ、使い方
やすり	紙やすり	3・4図工	仕上げに木へんをみがく
	紙やすり	5・6図工	細かい目と荒い目の使い方について
	木工やすり	5・6図工	表と裏の面のちがいについて

＊平成27年度版

◎編著者紹介

谷田貝 公昭（やたがい・まさあき）

目白大学名誉教授、NPO法人・子どもの生活科学研究会 代表
『これだけは身につけたい小学生の常識67』（監修、一藝社、2007年）
『新・保育内容シリーズ［全6巻］』（監修、一藝社、2010年）
『しつけ事典』（監修、一藝社、2013年）ほか、著書多数。

◎執筆者紹介（五十音順）

髙玉 和子	駒沢女子短期大学保育科教授
高橋 弥生	目白大学人間学部子ども学科教授
西方　毅	前目白大学保健医療学部作業療法学科教授
野川 智子	元横浜市立鳥が丘小学校副校長
野口 智津子	神奈川県逗子市立沼間中学校総括教諭
藤野 淳子	神奈川県横須賀市立公郷小学校総括教諭
村越　晃	前目白大学人間学部子ども学科教授
室矢 真弓	神奈川県海老名市立有馬小学校総括教諭
谷田貝 円	聖心女子専門学校保育科専任教員

NPO 法人
子どもの生活科学研究会
の概要

　1975（昭和50）年発足。発足当初から主として「箸の持ち方・使い方」「ナイフの使い方」「雑巾の絞り方」など、子どもの手指の巧緻性や生活技術、生活習慣に関する実態調査を行ってきた。本会が各種学会及び研究機関に発表するデータは、保育・教育現場に大きな示唆を与えてきている。本会では、幼保の保育者、小中高の教員、大学院の学生、大学の教員、企業に所属する研究者、主婦など多彩なメンバーが活動している。

◎主な実技調査研究

　「箸・鉛筆の持ち方使い方」「ナイフ・はさみ・のこぎり・金づち・ドライバーを使う」「雑巾を洗う・絞る・拭く、箒・塵取りを使う」「紐を結ぶ、ボタンをとめる、安全ピンをとめる、トレーナーをたたむ、針に糸を通す・縫う」「生卵を割る、ヤクルトのふたをあける、缶切りで缶詰をあける、茶碗を持つ、食器を並べる」「定規で線を引く、紙を折る、切り出しナイフで紙を切る」「道具の名称調査と道具の選択」「身体部位の名称調査」「魚貝・野菜の名称調査」「子どもの感覚調査（触角・嗅覚・味覚）」「足指の巧緻性の調査研究」等々。

◎質問紙による調査研究

　「生活習慣（食事・排泄・睡眠・清潔・着脱衣・自助行動・社会規範・その他）に関する調査研究（日本・韓国・中国・台湾）」「子どものケガに関する調査研究」「望ましい教師像に関する調査研究（日本・韓国・中国・台湾）」「子どもの生活（時間・リズム・豊かさ・こづかい・習い事）に関する調査研究」「しつけに関する調査研究」「学校給食に関する調査研究」等々。

◎文献研究

　「小学校教科書にみる身体名称の実態に関する調査研究」等

　　［代　　表］谷田貝　公昭（やたがい・まさあき）目白大学名誉教授
　　　　　　　　自宅：〒 253 - 0022 神奈川県茅ヶ崎市松浪 1-10-31
　　　　　　　　　　　TEL & FAX：0467 － 85 － 9540
　　［事務局長］村越　　晃（むらこし・あきら）
　　　　　　　　事務局：株式会社 一藝社（気付）
　　　　　　　　〒 160 - 0014　東京都新宿区内藤町 1 － 6
　　　　　　　　TEL：03-5312-8890、FAX：03-5315-4636
　　　　　　　　Ｅメール：kodomo@ihigeisha.co.jp

不器用っ子が増えている──手と指は[第2の脳]

2016年2月10日　初版第1刷発行

編著者　谷田貝 公昭
発行者　菊池 公男

発行所　株式会社 一藝社

〒160-0014　東京都新宿区内藤町1-6
Tel. 03-5312-8890　Fax. 03-5312-8895
E-mail：info@ichigeisha.co.jp
HP：http://www.ichigeisha.co.jp
振替　東京 00180-5-350802
印刷・製本　シナノ書籍印刷株式会社

©Masaakii Yatagai　2016　Printed in Japan
ISBN978-4-86359-108-0　C0037
乱丁・落丁本はお取り替えいたします

一藝社の本

子ども学講座 ［全5巻］
林 邦雄・谷田貝公昭◆監修

《今日最大のテーマの一つ「子育て」──
子どもを取り巻く現状や、あるべき姿についてやさしく論述》

---

1 子どもと生活
西方 毅・本間玖美子◆編著

A5判　並製　224頁　定価（本体1,800円＋税）　ISBN 978-4-86359-007-6

---

2 子どもと文化
村越 晃・今井田道子・小菅知三◆編著

A5判　並製　224頁　定価（本体1,800円＋税）　ISBN 978-4-86359-008-3

---

3 子どもと環境
前林清和・嶋﨑博嗣◆編著

A5判　並製　216頁　定価（本体1,800円＋税）　ISBN 978-4-86359-009-0

---

4 子どもと福祉
髙玉和子・高橋弥生◆編著

A5判　並製　224頁　定価（本体1,800円＋税）　ISBN 978-4-86359-010-6

---

5 子どもと教育
中野由美子・大沢 裕◆編著

A5判　並製　224頁　定価（本体1,800円＋税）　ISBN 978-4-86359-011-3

ご注文は最寄りの書店または小社営業部まで。小社ホームページからもご注文いただけます。